国家社会科学基金项目“区域政策协同效应影响企业转型升级机制创新研究”（批准号17CJY 027）
山东工商学院博士科研启动基金项目“新常态下新兴产业政策实施空间界定、推进效果评估与功能转型优化研究”（批准号BS201622）
资助

战略性新兴产业政府补贴

政策设计与企业反馈

王伊攀◎著

GOVERNMENT SUBSIDIES IN STRATEGIC EMERGING INDUSTRIES
Policy Design and Enterprise Feedbacks

·北 京·

图书在版编目（CIP）数据

战略性新兴产业政府补贴：政策设计与企业反馈/王伊攀著．
—北京：中国经济出版社，2019.5（2024.1 重印）
ISBN 978-7-5136-5548-4

Ⅰ.①战… Ⅱ.①王… Ⅲ.①新兴产业—政府补贴—研究—中国
Ⅳ.①F279.244.4

中国版本图书馆 CIP 数据核字（2019）第 026429 号

组稿编辑　崔姜薇
责任编辑　丁　楠
责任印制　马小宾
封面设计　任燕飞工作室

出版发行　中国经济出版社
印 刷 者　大连图腾彩色印刷有限公司
经 销 者　各地新华书店
开　　本　710mm×1000mm　1/16
印　　张　15
字　　数　169 千字
版　　次　2019 年 5 月第 1 版
印　　次　2024 年 1 月第 1 次
定　　价　68.00 元
广告经营许可证　京西工商广字第 8179 号

中国经济出版社　**网址** www.economyph.com　**社址** 北京市东城区安定门外大街 58 号　**邮编** 100011
本版图书如存在印装质量问题，请与本社销售中心联系调换（联系电话：010-57512564）

前　言

政府补贴作为促进战略性新兴产业发展的重要政策工具，对于促进企业的技术创新发挥了重要作用。但是，无论在理论层面，还是实践过程均存在着争议。具体而言，虽然理论上，政府补贴可以部分解决市场失灵问题，但有效性存在不确定性。实践过程中存在的问题比如利用政府补贴粉饰业绩、政府补贴扭曲企业投资方向等引起了广泛关注。为了更好地发挥政府补贴促进创新的政策作用，有必要从理论上探讨政府补贴的合理性以便把握政府职能的边界，理顺政府与市场的关系。同时，探索恰当的补贴发放和监管方式，有效激励企业的研发创新活动，并从多角度探视政府补贴实施过程中出现的问题，可以为政府补贴政策调整和实施提供参考。本书从政府政策制定与企业策略选择两者互动的视角展开分析，因为作为政府补贴的两个参与者，政府负责补贴的发放和监管，企业运用补贴进行技术研发，两者共同构成一个有机的整体，对于政府补贴问题的分析缺少任何一方都是不全面的。以这两者之间的互动作为视角有助于厘清地方政府的补贴动机，明晰企业对政策的反应，从而预计政策调整对于企业的影响，避免政策实施缩水、走样，提升政府政策的针对性和有效性。秉承着“为什么要补贴——应该怎样补贴——补贴的效果如何——出现的问题如何规避”的逻辑思路，本书在系统整理、考量政府补贴政策的正负效应的基础上，深入研究战略性新兴产业政府补贴政策制定和实施过程中的关键问题，充分考虑政府与企业的互动关系，初步探索合理、灵活、有效的政府补贴政策框架。本书核心章节的研究内容如下：

第二章从考量政府补贴的正负效应入手对政府补贴的合理性问题作出

应答。首先梳理了政府补贴的正面效应，指出了实践中存在的问题，并提出了其中的两个较为突出的负面效应：一是政府补贴存在被滥用倾向，比如被用来粉饰业绩；二是过度政府补贴还会扭曲企业投资方向。

随后，对政府补贴发放过程中的两个核心问题：政府补贴方式和补贴对象的选择问题做了探讨。政府补贴的形式多样，第三章将企业置于竞争的市场结构中，把研究链条由“政府—单个企业”的纵向线性关系拉伸为“政府—两个相互竞争企业”的三角形关系，考虑了对传统产业升级的影响，利用三阶段纵向差异化Hotelling模型对比分析了研发补贴和产品补贴对于竞争格局的影响。

政府补贴对象选择方面，一直存在着对国有产权属性更利于获得政府补贴的假说。第四章分析了政府补贴对象选择的国有产权偏好和企业规模偏好，利用战略性新兴产业上市公司数据进行了实证检验，并从促进创新效果的角度对偏好合理性进行了评价。

最后，从微观的角度考察政府补贴的动机和企业的反应，同时为利用政府补贴粉饰业绩、政府补贴扭曲企业投资方向两个现象做出了注解。第五章通过构建一个政府与企业共同参与的理论模型，将亏损企业具有寻租效应和信息效应作为基本假定，探讨了地方政府官员“促增长、保稳定”和个人寻租等利益诉求是否扭曲了政府补贴动机，重点阐释了其在促进企业创新和协助企业粉饰业绩之间的权衡，并进行了实证检验。

第六章构建了企业社会资本投资和研发创新投资决策模型，系统分析了政府干预能力、消费者分布、知识产权保护等外部环境和政府投资补贴等内部激励影响企业投资决策的内在机理，并利用战略性新兴产业254家上市公司数据进行了实证检验。

第七章主要关注政策号召、新兴企业能动性与社会福利需要是如何影响战略性新兴产业政策推进的。在中国情境下重新诠释了政府官员产业政策决策模型，系统考察了政府与企业之间的互动过程，揭示了产业政策内生决定过程，并利用地级市发布新兴产业政策数量与战略性新兴产业上市公司两个层面的数据进行了实证检验。相对于已有文献，本书可能的贡献主要体现在如下四个方面：

第一，丰富充实了关于政府补贴方式的探讨，区分了研发补贴和产品补贴这两种补贴方式对企业在市场份额、研发投入与定位策略等方面的不同影响，扩展了未来对于政府补贴的研究链条设计，研究结论有利于提高政府补贴的针对性。第二，引入 Blinder-Oaxaca 回归分解方法检验了政府补贴对象选择的国有产权偏好并对偏好合理性进行了评价，有助于增加人们对于政府补贴产权偏好的认识。第三，修正了在政府补贴动机研究中的考察角度单一、忽视政策变更的局限性，探寻造成企业利用政府补贴粉饰业绩现象的源头。第四，引入企业社会资本的概念并采用定量方法对其进行了衡量，更全面地概括了企业为获取政府补贴所做出的努力，弥补了案例研究与定性研究在普适性和直观性上的不足，并分析了企业热衷于社会资本投资的微观机理，能够为政府重新审视补贴政策提供新的视角。

目录
CONTENTS

图目录

表目录

第一章

导　论

培育和发展战略性新兴产业是政府从全局出发、着眼于未来长远发展的重大战略选择。技术创新作为战略性新兴产业发展的核心推动力量，备受关注。为了鼓励企业研发创新的积极性，政府投入了大量公共资源对企业创新进行了大力度补贴。随着战略性新兴产业发展程度的不断深入，政府对其扶持力度也不断加大，起到了良好的效果。但是，在补贴过程中也出现了诸多问题。本章从研究的选题背景入手，阐述研究的必要性及其意义，通过技术路线图展现研究思路，简要介绍了文章的结构安排、使用的方法，并对可能的创新点和不足做了说明。

一、选题背景及研究意义

（一）选题背景：新时期新形势下的战略选择

改革开放40年来，中国经济保持着举世瞩目的高速增长。2014年，中国国内生产总值（GDP）高达63.64万亿元，是全球第二大经济体。然而，这种高速增长的背后也存在着隐忧。中国长期沿用以大量消耗资源为特征的粗放式经济发展模式，导致增长质量不高，随着中国人口红利的消退，受制于资源环境的可承受能力，经济发展面临着前所未有的挑战。转变经济发展方式，实现由要素驱动到技术创新驱动是一项艰巨而又必须实施的重要任务。中国政府意识到这是发展中必须解决的问题，积极采取各种方式促进经济发展方式的转变和产业结构升级。这是中国经济发展进行阶段调整的内在需求。

与此同时，在2008年由美国次贷危机引发的金融危机后，世界各国经济出现衰退迹象。为了应对经济发展迟缓和激烈国际竞争的挑战，世界各国纷纷探寻强有力的经济增长点，以期促进经济快速发展并在未来的竞争中占据有利地位。技术创新成为各国解决发展问题并且赢得国际竞争的有利武器。英国2008年推出“高价值制造”战略，出台系列资金扶持措施促进企业创新；美国在2009年提出“再工业化”战略，在7870亿美元经济刺激方案中，133亿美元用于制造业等的研发投入①；欧洲在2009年制定了《欧洲2020智能、可持续及包容性增长战略》，核心要义之一就是确立知识和技术创新驱动的发展模式；韩国政府积极参与机器人产业、云计算技术创新等新兴产业的发展。世界各国争相竞逐“第三次工业革命”。中国也面临着经济发展迟缓的问题，并且复杂的国际形势增加了国际竞争的激烈程度。

在这种经济方式需要调整的内在需求及国际竞争日趋激烈的外部环境下，中国政府从全局出发、着眼于未来的长远发展，提出了大力发展战略性新兴产业的重要战略。战略性新兴产业被赋予了实现产业结构调整升级和经济增长方式向高质量转变，占据新一轮经济和科技发展有利地位的重要使命。一系列促进战略性新兴产业发展的文件纷纷出台。2010年10月，

① 为了支撑“再工业化”战略的实施，美国2009年出台的《美国复苏和再投资法案》，推出了7870亿美元的经济刺激方案。其中800亿美元投在了清洁能源上，650亿美元投在了基础建设上，133亿美元用于科技投入，7.3亿美元用来扶持小企业。数据参见：周振华．“再工业化”将填补新旧技术革命交替间的空白［N］．文汇报，2012-06-04.

国务院下发《关于加快培育和发展战略性新兴产业的决定》，2012 年 7 月出台《“十二五”国家战略性新兴产业发展规划》。国家发展和改革委员会进一步明确和规范了战略性新兴产业的重点发展领域，2013 年制订了《战略性新兴产业重点产品和服务指导目录》。各部委、各省市也相继出台了相关支持政策，从财政、金融等各个方面对战略性新兴产业予以扶持。

技术创新作为推动战略性新兴产业发展的主导力量，受到了更多的关注。重大技术突破是战略性新兴产业发展的基础之一，创新是战略性新兴产业发展的主要驱动力，是战略性新兴产业的核心特征。企业作为战略性新兴产业的主体，自然也应是创新的主体。然而，由于技术上的复杂性、不确定性、外溢性以及市场需求的拉动不足，相关企业的研发积极性不高。而战略性新兴产业研发的外部性可促进整个产业技术的升级，市场起不到足够的激励作用，政府制定了一系列的激励措施（见附录 1）。其中，政府补贴是使用最广泛、最直接的手段。从 2010 年出台《关于加快培育和发展战略性新兴产业的决定》后，大部分省份都设立了战略性新兴产业专项资金。国家在 2011 年设立了战略性新兴产业发展中央专项资金，2015 年设立的新兴产业创业投资引导基金的规模达 400 亿元。如图 1 - 1 所示，通过对战略性新兴产业 254 家上市公司的年报数据分析，政府补贴从 2007 年到 2013 年逐年增加，2013 年补贴高达 137.82 亿元，平均每家企业获得 5400 万元的补贴。对于战略性新兴产业与政府补贴之间的密切关系，甚至存在着“所属行业一旦被列为战略性新兴产业，就意味着敲开了政府补贴的大门”之类的说法①。虽然将两者划等号的说法有些夸张，却也体现了政府补贴在战略性新兴产业发展中的重要性。

政府补贴作为推动企业研发创新活动的重要力量，对于企业的行为决

① 该说法参见罗琼. 究竟是哪些公司，以什么方式，拿到多少补贴？上市公司争抢政府补贴“大红包”[N]. 南方周末，2014 - 04 - 17.

策有着重要的影响。正面效应发挥了作用，比如弥补了由于市场失灵造成的研发投资不足。随着战略性新兴产业的快速发展，政府不断加大对企业的研发创新活动的支持力度，这极大地激发了各省市相关企业发展战略性新兴产业的热情。战略性新兴产业相关企业研发投入实现了连年增长，科研创新成果不断涌现。与此同时，政府补贴也反映出了诸多问题。从补贴的方式上来看，更注重生产性补贴，而对于消费端的补贴仍然不足。从补贴效果上来看，专利产出效果并不令人满意。在补贴的过程中，还出现了大量的补贴滥用和寻租腐败等问题。这些问题引起了社会大众和新闻媒体的广泛关注。

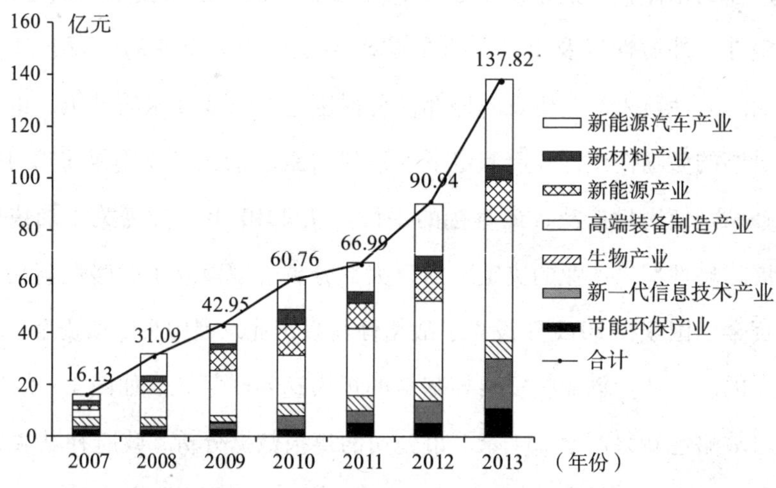

图 1－1　政府补贴的年度和行业分布

数据来源：Wind 数据库。

以上为研究的现实背景，战略性新兴产业的健康发展还需要科学规划和理论支持。随着战略性新兴产业发展的不断深入，众多新问题的出现带动了相关理论研究的快速发展。从整体的发展方向来看，战略性新兴产业的研究从初期的内涵界定、与传统产业关系、产业融合、发展路径与条件等宏观概念层面的探讨（如熊勇清、李世才，2010，2011；贺俊、吕铁，

2012；贺正楚等，2012），逐步深入到进入时机、公司治理、技术创新、金融与财政扶持政策设计、发展绩效评价、规模分布与生存时间等具体实践问题的研究上（如肖兴志、姜晓婧，2013；任保全、王亮亮，2014；肖兴志等，2014）。不论是在研究深度还是在研究针对性上，都有了很大的提高。

具体到政府补贴的研究来讲，新近的成果也比较丰富，研究主要关注政府补贴效果的评估。第一类文献是分析政府补贴对于促进企业创新的作用。郭晓丹等（2011）两篇文章分别对政府补贴的信号效应与额外效应进行了分析，得出结论认为政府补贴并未起到促进企业加大研发支出的效果，但能够帮助企业提高获得银行贷款和社会投资的可能性，并为企业的技术创新指明技术攻关方向。汪秋明等（2014）分析了战略性新兴产业中政府补贴有效的条件和影响因素，认为政府补贴只会诱导潜在企业进入战略性新兴产业，但不能促进企业进入后加大研发力度。由于监督困难和惩罚力度不够，补贴资金大部分用于其他用途。曹建海和邓菁（2014）分析了企业研发性沉没成本与补贴政策持续性对补贴效果的影响，发现政府补贴的类型为有时间限制的临时性补贴政策、企业拥有低研发性沉没成本时，政府补贴效果较好。毛其淋和许家云（2014）利用1998—2007年中国工业企业数据评估了政府补贴对企业产品创新的影响，发现政府补贴的总体效果不明显，补贴额度差异对补贴效果影响显著，政府补贴并不是越高越好，高额度的补贴会抑制企业创新。韩超（2014）采用Heckman两步选择模型分析了地方政府补贴选择和实施行为，表明政府补贴具有扶弱倾向和所有制类型偏好，战略性新兴产业对于政府补贴具有依赖性。

第二类文献是评价政府补贴对于提高企业绩效及生产率的影响。陆国庆等（2014）构建了包含外溢效应的超越对数CDM模型，并利用2010—

2012 年的上市公司数据对政府补贴的绩效进行了评价。结果表明，从整体上看政府补贴对于企业产出的绩效显著，但对单个企业产出绩效作用不大。Bernini 和 Pellegrini（2011）以意大利南部地区为例，采用匹配与倍差法考察了补贴对于企业的影响。结果表明，获补贴企业的生产率提高幅度反而相对较小，这种负面效应减弱了政府补贴的效果。Cerqua 和 Pellegrini（2014）利用 RDD 方法得出了类似的结论。国内学者邵敏和包群（2012）采用中国微观企业数据来鉴别了不同补贴力度对于企业生产率差异性影响：当政府对企业的补贴力度小于某一临界值时，政府补贴能够显著地促进企业生产率水平的提高；当政府补贴力度在该临界值水平上逐步提高时，这种促进作用减弱、抑制作用显现；当政府补贴力度提高至大于另一临界值时，政府补贴显著地抑制了企业生产率水平的提高。

第三类文献是分析政府补贴对于企业某类具体行为的影响。安同良等（2009）认为，由于政府与企业之间信息不对称的存在，企业存在释放虚假信号争取补贴的行为。刘海洋等（2012）运用讨价还价理论证明了政府补贴可能会扭曲企业的购买行为。任曙明和张静（2013）研究了补贴对装备制造企业加成率的影响，发现政府补贴越多，企业的寻租成本越高、加成率越低。

总的来讲，第一类与第二类文献从不同的角度分析了战略性新兴产业政府补贴的实施效果，主要是从整体的角度进行分析，考虑了政府补贴的投入与产出，但并未完全打开政府补贴执行过程的“黑箱”。第三类文献剖析了政府补贴对企业某类具体行为的微观效应。但是对于政府补贴的整个实施过程应该如何选取补贴方式和工具、如何选择补贴对象更有效以及政府补贴的滥用问题等相关的文献比较匮乏。这些问题是政府补贴实践过程中难以避开的问题，直接决定了政府补贴实施的效果。本书正是致力于细致分析政府补贴的整个流程中出现的问题，从政府政策设计与企业策略选择互动的角度，剖析问题产生的微观机理。

作为国家新时期的发展战略，战略性新兴产业承载着促进经济结构的调整，产业转型升级和发展方式的转变的期望。在这种背景下，政府补贴政策作为政府促进产业发展的重要手段，如何提升其科学性和有效性成为政策制定者最为关心的问题，对其进行全面细致的分析研究很有必要。探究政府补贴合理性以便把握政府职能的边界，剖析如何采用恰当的补贴发放和监管方式，利用补贴有效激励企业的研发创新活动，并从多角度探视政府补贴实施过程中出现的问题，阐释社会大众质疑的各种怪现象的产生机理，规避因补贴产生的负面问题，使政府补贴发挥期望的效果，以促进战略性新兴产业健康发展，使其真正作为促进新一轮经济发展的引擎，带动中国的技术进步，引导产业升级，具有重要的理论意义和实践价值。

（二）研究的目的和意义

本书以政府的政策制定与企业的策略选择两者互动的视角切入，在考量政府补贴对企业影响的正负效应的基础上，系统分析了政府补贴方式、对象选择、补贴动机和企业反应四个方面的问题，旨在为战略性新兴产业政府补贴政策制定提供参考。具体而言，相关研究的意义有以下几个方面：

首先，系统梳理了关于政府补贴合理性讨论的相关理论，加深对于政府补贴政策设计出发点的认识，便于在具体的实践中明确政府补贴的目标指向。政府补贴合理性问题一直是学界和社会大众争论的问题。到底为什么要进行政府补贴？外部性理论、战略性贸易政策理论、信息不对称理论与额外行为理论都给出了自己的答案，散见于相关文献资料，缺乏系统的梳理。第二章从这些理论中总结出政府补贴的实施需要满足条件：具有正向外部性、产业处于不完全国际竞争市场条件下、不完全的资本市场造成融资约束、企业对于外源融资有较强依赖性。可以诱导企业产生额外效应，即激励原有创新企业加大创新力度或原来不创新的企业参与创新，是衡量政府补贴有效的标准。战略性新兴产业满足政府补贴实施的条件，致力于改善这些条件是政府促进战略性新兴产业发展的有效方式。

其次，丰富充实了关于战略性新兴产业补贴工具选择的讨论，为政府改进补贴方式提供了理论支持。现有文献关于战略性新兴产业补贴方式的讨论，大多集中在事前与事后补贴，税收优惠还是直接补贴。第三章在纵向差异化 Hotelling 模型的基础上，通过建立三阶段的博弈模型，分别考察了研发补贴与产品补贴两种不同的补贴方式对于研发竞争格局的影响。这也拓宽了政府补贴对企业影响研究的视野。之前的研究局限在政府补贴对单个企业行为的影响上。然而，企业的 R&D 决策是产业组织结构的结果，不可忽视地政府补贴也会对企业所在的市场竞争局势产生影响。本书第三章将企业置于竞争的市场结构中，研究了政府补贴对企业决策选择的影响。将研究链条由“政府—单个企业”的纵向线性关系拉伸为“政府—两个相互竞争企业”的三角形关系。

再次，对政府补贴对象选择的国有产权偏好假设提出质疑，反思政府补贴对象选择策略。第四章发现对于战略性新兴产业而言，虽然从绝对值上讲，国有企业获得了更多的补贴，但是在去除掉企业规模因素，从补贴占总资产的比值上讲，对民营企业补贴的相对程度更高。基于 Blinder - Oaxaca 回归分解方法也得出结论认为企业获取政府补贴的所有制歧视并不明显，其背后的企业规模偏好更值得关注。从政府补助的效果上来看，对中央国有企业和地方国有企业两种可能的反应“导向效应”和“规模稀释效应”进行了检验，认为在战略性新兴产业中，中央国有企业的“规模稀释效应”

占据了主导地位，而地方国有企业的“导向效应”比较显著。与此同时，战略性新兴产业中的民营企业对于政府补贴的反应较小。发现企业规模会消减政府补贴效果，在企业规模达到一定程度时，企业规模越大，政府补贴效果越弱。该研究结论的政策含义是比较直观的。目前政府对于战略性新兴产业的补贴，民营企业得到了相对于其规模来说较高程度的补贴，而对地方国有企业的补贴对于促进研发的效果是比较显著的。换句话来说，仅从促进战略性新兴产业的技术创新投入的目标上来说，政府目前对于战略性新兴产业的补贴偏好是非理性的，遵循促进民营企业发展的原则进行补贴并不符合现阶段培育战略性新兴产业发展的需要。政府补贴的国有产权偏好可以不予考虑，但是这背后的企业规模偏好需要引起足够的重视。加大对于小微企业的扶持力度可以有效加强政府补贴的效果。这一结论对于战略性产业有针对性地安排补贴政策，提升补贴效果，促进战略性新兴产业的技术创新具有指导意义。

最后，从微观的角度考察政府补贴的动机和企业的反应，这不仅有助于人们理解企业行为逻辑背后的推动力，加深对市场失效、政府干预和企业决策三者关系的理解，破解战略性新兴产业发展困局，丰富对中国情境下企业经营战略的讨论，还能够为政府重新审视补贴政策提供新的视角。第五章从促进创新和协助粉饰业绩两个维度分析了政府补贴的动机，探讨了地方政府在“促增长、保稳定”利益诉求下通过补贴来协助企业粉饰业绩的机理，同时也为战略性新兴产业政府补贴“整体有效，问题并存”的现象提供了一种解释。第六章探讨了在大量补贴存在且资源有限的情形下，企业投资方向的变化。这两章的研究为政府干预对企业决策行为的影响途径提供了新的理论视角，丰富和扩展了对政府和企业关系的研究，同时为政府补贴政策的优化改善提供重要参考。

二、研究思路及内容结构安排

（一）研究思路

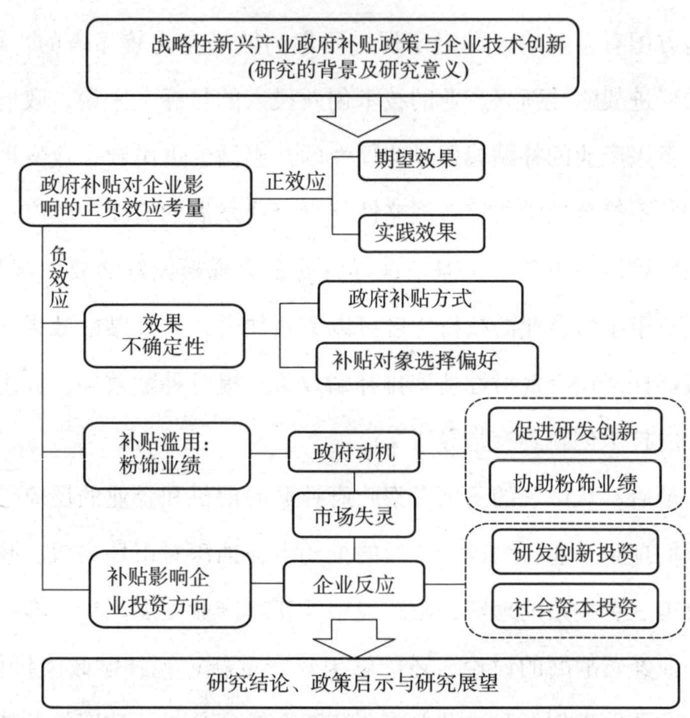

图 1－2　研究技术路线图

（二）内容结构安排

本书第一章为导论，交代研究背景、方法、内容与可能的创新点；第二章从理论和现实基础两个维度探讨政府补贴的合理性，归纳、对比分析政府补贴对企业创新影响的正负效应；第三章对比分析了研发与产品补贴、事前与事后补贴、税收优惠与直接补贴等不同的政府补贴方式的特点和适用情境，为政策制定者提供选择补贴方式的策略；第四章从政治关联、企业规模及产权性质三个方面研究了政府补贴对象选择的偏好及补贴效果；第五章基于对“政府补贴被用于粉饰企业业绩”热点问题的关注，检验了政府补贴是否被用于协助企业进行粉饰业绩，探讨地方政府补贴的动机，为从源头上提升政府补贴效果提供参照点；第六章基于“部分企业热衷于搞政治关联”的事实观察，剖析了政府补贴对于企业社会资本投资的影响机理；第七章从政府补贴政策制定的视角，剖析了政策号召、新兴企业能动性与社会福利需要是如何影响战略性新兴产业政策推进的，揭示了产业政策内生决定过程及企业反馈效果。第八章总结了研究结论，并提出了相应政策建议。

三、主要研究方法

选用恰当的研究方法并且使用多种方法相互印证可以增加经济学研究结论的可靠性和说服力。本书综合采用多种研究方法分析和论证相关问题，以便能够有理、有力地论证观点。本书核心章节使用的研究方法如下：

（一）多维度的分析方法——比较分析法

比较分析是社会科学领域较为常用的分析方法，好处显而易见，为读者提供全面的认识，突出重点特征。本书多次采用这种方法来论证观点。第二章对政府补贴对企业影响的正负效应进行了归纳、对比；第三章对比了研发补贴与产品补贴方式；第四章对比不同产权背景、不同规模的企业获得政府补贴的金额。

（二）相对统一的博弈论方法——经典空间竞争模型

现实生活中市场竞争形式多种多样，随着产业组织理论的发展，研究的视角从同质化竞争扩展到差异化竞争。纵向 Hotelling 模型作为空间竞争理论中的经典模型，适用于对差异化竞争的分析。相较于古诺模型、伯川德模型等同质化竞争假设，差异化的竞争更符合现实情境，还可以为伯川德悖论提供合理的解释。第三章采用纵向 Hotelling 模型作为框架，建立了三阶段的博弈模型，采用逆向分析法求解了博弈论模型的均衡解，并采用比较分析法对比了两种补贴方式的差异。第六章也使用了该模型作为分析基础，使得全书在相对统一的模型框架下进行了分析，充分发挥了博弈论在产业组织理论证明中的工具作用。

（三）多样的计量分析方法——Threshold 与 PSM 等

第四章采用了 Blinder – Oaxaca 回归分解方法检验了国有产权偏好是否存在，并应用面板门槛回归方法分析了企业规模对政府补贴效果的消减效应；第五章和第六章都采用了非参估计方法——倾向匹配得分法 PSM。与线性回归方法相比较，该方法有两个优点：一是不需要做线性假设，对于无法预先判断采用何种方程形式时 PSM 方法可得出更为精确的估计结果。二是 PSM 方法在共同支撑条件下根据加权方程对观察值进行加权，而线性方程方法依靠方程形式去推断共同支撑之外的效果；第六章采用了 2SLS 和 3SLS 方法估计了联立方程。其中，3SLS 方法作为系统估计法，充分考虑了不同方程扰动项之间可能的相关关系，可将其视为 2SLS 与 SUR 两者的结合，对整个联立方程系统的估计更有效率。

四、创新点与不足

（一）研究的创新点

1. 丰富充实了政府补贴方式的探讨。政府补贴的发放方式是其正效应发挥的重要决定因素。但是现有关于政府补贴方式选择的研究存在两个不足：一方面是研发补贴和产品补贴这两种不同补贴方式对企业之间的竞争会产生何种影响，现有文献较少涉及。另一方面，对于新兴产业竞争的刻画，现有文献大多集中在新兴产业与国外企业及其内部之间的对称竞争。实际上，由于战略性新兴产业是在传统产业的基础上提出来的，因此，这两者之间的竞争不可忽视，战略性新兴产业与传统产业之间呈现出不对称竞争格局。第三章运用纵向差异化 Hotelling 模型来刻画战略性新兴产业与传统产业之间的不对称竞争，通过建立三阶段的博弈模型，将研发补贴方式和产品补贴方式的不同体现在模型的设定中，然后分别考察研发补贴与产品补贴两种不同的补贴方式对于企业的市场份额、研发投入及定位策略的影响，从而弥补了上述两方面研究的不足。

2. 引入 Blinder-Oaxaca 回归分解方法检验了政府补贴对象选择的产权偏好问题并对偏好合理性进行了评价。专门针对具体的产权性质这一补贴对象选择偏好因素及其该偏好合理性的分析研究比较匮乏。第四章可能在以下三个方面丰富了已有文献：首先，大多数的研究认为政府补贴的企业产权性质选择偏好是青睐于国有企业，然而本章通过事实描述统计发现政府对于战略性新兴产业中民营企业的补贴相对程度更强；基于 Blinder-Oaxaca 回归分解方法的检验也发现，国有企业与非国有企业之间的政府补贴差异大部分（71.1%）可由企业禀赋特征来解释，禀赋不可解释的部分比如所有制歧视仅占 28.9%。其次，从政府补助的效果上来看，对中央国有企业和地方国有企业两种可能的反应“导向效应”和“规模稀释效应”进行了检验，认为在战略性新兴产业中，中央国有企业的“规模稀释效应”占据了主导地位，而地方国有企业的“导向效应”比较显著。与此同时，战略性新兴产业中的民营企业对于政府补贴的反应较小。另外，由于战略性新兴产业的特殊性也决定了研究的意义。

3. 修正了在政府补贴动机研究中的局限性。目前相关文献有两点局限：第一，大多数的研究考察政府补贴的动机从单一的角度考虑。要么考察政府补贴具有协助企业粉饰业绩的动机，要么考察政府补贴对促进创新的作用。实际上，政府补贴的动机可能并不单一。第二，大多文献考察政府补贴协助上市企业达到监管要求的动机，较少考虑协助企业迎合资本市场达到预期盈余的动机。实际上，2006 年出台《上市公司证券发行管理办法（中国证券监督管理委员会令 2006 年第 30 号）》后，监管要求是以扣除非经常性损益后的计算与扣除前低的作为标准。换言之，按照规定 2006 年后政府补贴可能无法起到协助企业达到监管要求的作用。第五章可能在以下三个方面丰富了已有文献：首先，将政府补贴的协助企业盈余管理的动机与促进企业创新的动机结合起来，考察了协助企业盈余管理动机与促进企业创新两种动机之间的相互影响的机理。其次，考察了政府补贴协助企业迎合资本市场达到预期盈余的动机，从净利润的绝对值和相对值两个方面考虑了协助企业粉饰业绩的情形。从绝对值上来看，协助净利润扭“亏”为“盈”；从相对值上来看，协助净利润的增长值扭“跌”为“升”。从而规避了 2006 年政策变化造成的政府补贴无法起到协助企业达到监管要求作用的问题。最后，从有盈余管理需求与无盈余管理需求的企业两者比较来看，区分了有盈余管理需求的企业可能会对政府有两种可能的效应“寻租效应”和“信息效应”。

4. 从定量的角度测算了企业社会资本投资，并分析了企业热衷于社会资本投资的微观机理。现有研究采用案例或者间接的方式验证企业寻租假设，采用定性方法研究了企业政治关联的收益，并不能体现普遍性和直观性，本书引入企业社会资本的概念并采用定量方法对其进行了衡量，更全面地概括了企业为获取政府补贴所做出的努力，直接检验该假设，揭示了企业社会资本投资对于获取政府补贴的收益效应，对以往的研究做了拓展补充。虽然投资于社会资本以获取补贴已成为部分经营者的行动策略，但企业进行这种投资决策的微观机理并不明确，现有文献较少关注在资源有限且存在大量政府补贴的情形下企业的资源配置决策，本书基于微观视角，考察了政府补贴对企业行为的影响，探讨了企业“重关系、轻创新”的原因，尝试对“企业社会资本投资的决策机制是什么？受到哪些因素的影响？社会资本投资是否能够带来更多的政府补贴？”等问题做出回答。

（二）研究的不足之处

1. 本书出于研究的可操作性和数据的可获得性，实证检验选取的样本为战略性新兴产业上市公司的数据。这可能导致研究结论的偏误，因为上市公司大多属于比较优秀的规模相对较大的公司，其本身并不能反映战略性新兴产业整体的情况，也因此限制了本书结论在更广范围的应用。未来研究可以尝试采用中国工业企业数据库或实地调研来扩充样本，以增强研究结论的说服力。此外，政府补贴数据上没有将各种类型的补贴区分开核算，这也会对估计结果造成影响。不过，对于战略性新兴产业而言，绝大部分的补贴是以促进企业创新的名义发放的，这也是采用不加甄别的数据进行实证检验的基础。

2. 第三章对于补贴方式的分析由于模型的复杂性，仅从补贴方式对于新兴企业研发投入和技术定位两个角度进行了分析，是从生产者的视角进行的分析，未对消费者的福利进行全面的福利分析。这一研究视角已经有文献涉及，如 Asker 和 Baccara（2010），该文就分析了进入补贴和研发补贴对于消费者福利的不同影响。

3. 第五章考虑政府动机时主要考虑了政府促进经济发展和保持经济稳定两个目标，而实际上，政府是否补贴企业可能取决于多个目标，比如社会就业和基础设施建设等民生目标。本书将影响政府补贴的动机的复杂性进行了简单化处理，尽管保留了最常见的两个目标，但仍难避免分析的局限性。

4. 第六章在度量企业社会资本投资时，并不能剔除掉高管的在职消费。尽管采用的是最接近企业社会资本投资真实值的非生产性支出，但结果的精确性需要未来进一步的研究。另外，分析假设前提是企业高管是理性的，忽略了存在着非理性的行为特征，比如过度自信和风险偏爱，其可能会影响创新投入。有学者在这方面的研究值得借鉴，如 Hirshleifer（2012）、Graham 和 Harvey（2013）。

第二章

政府补贴对企业影响的正负效应考量

战略性新兴产业的发展主要依靠市场的力量，但也离不开政府的“扶持之手”发挥作用。因为在战略性新兴产业发展的初期阶段，市场发育不成熟，市场需求的拉动作用不明显，存在着诸多问题，比如外部性、投资不足等，这样，就需要政府在其发展过程中有所作为。政府通过补贴手段，希望能够实现弥补市场失灵、增强国际竞争力、吸引外部投资、诱发企业额外创新行为的四种期望效果，这也是政府补贴的理论基础。世界各国促进产业发展的长期实践经验与中国几年间战略性新兴产业的发展状况表明了战略性新兴产业政府补贴确实发挥了良好的作用。然而，也应该看到出现的负面效应。全面考量政府补贴对企业影响的正负效应将有助于增加人们对于政府补贴这一政策的全面认识，为政策制定者提供一个相对全面的分析框架。

一、政府补贴的期望效果：补贴的理论基础

在政策制定者推出影响企业决策的补贴政策之前，首先面临一个规范性问题：为什么政府要介入企业的选择？传统观点认为，研发的内在特征对于激励创新是无效率的，因此政府干预非常有必要。尽管政府干预是被接受的，但是政府补贴具体可以起到哪些正面效应需要系统梳理，这种考

察和探究也是廓清政府职能定位的必要前提。在大量前人文献的基础上，下文主要分析了政府通过补贴手段希望能够实现的四种期望效果，这也是政府补贴的理论基础。

（一）弥补研发创新外部性造成的市场失灵

政府干预 R&D 活动最为常见的理论依据就是外部性理论了。外部性作为普遍存在的经济现象，对外部性的研究源远流长。马歇尔最早在 1890 年写作《经济学原理》时就阐述了“外部经济（External Economise）”的观点。庇古 1920 年在其《福利经济学》中最早展开了对外部性的系统研究，并且影响深远。其对于外部性的核心观点是，“私人边际收益”与“社会边际收益”不一致时，市场机制无法有效率地配置资源，导致了市场失灵，因此，应由政府干预，补贴正外部性行为，对负外部性行为课税（张运生，2012）①。

创新的外部性特点显而易见，主要表现在新技术和新知识的外溢性、研发成果的非排他性、研发收益的非独占性，还有创新过程的不可分性和风险性，这些特征会使得企业从事研发创新活动的私人收益率低于社会收益率，因此创新活动时常会受到市场失灵和投资不足问题的困扰（Nelson，1959；Arrow，1962；Tassey，2004）。新古典经济理论将企业视为理性经济人，面对多个潜在的研发项目，理性地分析预期的成本和收益，通过边际成本等于边际收益选择研发支出旨在实现利润最大化。本书考虑企业在研发投资与非研发投资之间的权衡。如图 2－1 所示，纵轴表示价格，横轴表示企业的投入量，其上每点到点 A 的距离为企业研发投入量，每点到点

① 当然，这种观点并未得到新制度经济学派的认同。新制度经济学不反对政府干预，但不认同庇古主义者的解决方案。新制度经济学派认为“边际私人净产值”与“边际社会净产值”的背离可以通过寻找一种可行的市场合约来消除，政府干预主要是界定产权，其余交给市场，而不是依靠政府补贴来解决。

B 的距离为企业非研发投入量，企业的总资金有限为 AB。企业进行研发投入和非研发投入的私人边际收益分别为 MR_1 和 MR_2，进行研发投入和非研发投入的社会边际收益分别为 SMR_1 和 SMR_2，由于研发的正外部性可以得出 $SMR_1 > MR_1$，即曲线 SMR_1 位于曲线 MR_1 上方。非研发投入也可能带来正外部性，这就涉及这两种投资正外部性大小的比较，为简单直观起见，假定非研发投入带来负外部性即 $SMR_2 < MR_2$。在不考虑外部性的情况下，企业进行这两种投入的边际收益相等时达到了均衡，即曲线 MR_1 与曲线 MR_2 相交点 M 时实现了均衡，此时，企业研发投入 AC，非研发投入为 BC。但是考虑外部性的情况下，整个社会最优的均衡是在 $SMR_1 = SMR_2$ 的条件下实现的，即点 N，此时，企业的研发投入应为 AD，非研发投入为 BD。这样，企业进行非研发投入的私人边际收益与进行研发投入的私人边际收益存在差额（$MR_2 - MR_1$）>0，企业有动力将研发投入缩减 CD，实现企业利润最大化。这就导致了企业最优研发投入低于社会期望的最优研发投入。因此，研发的外部性特征是将市场失灵理论用于技术创新政策理论中的基础，这也是政府干预企业创新的最常见、最重要的理论依据。应该看到，理论上要求政府掌握私人边际收益与社会边际收益差值的信息，但在实际中很难做到。

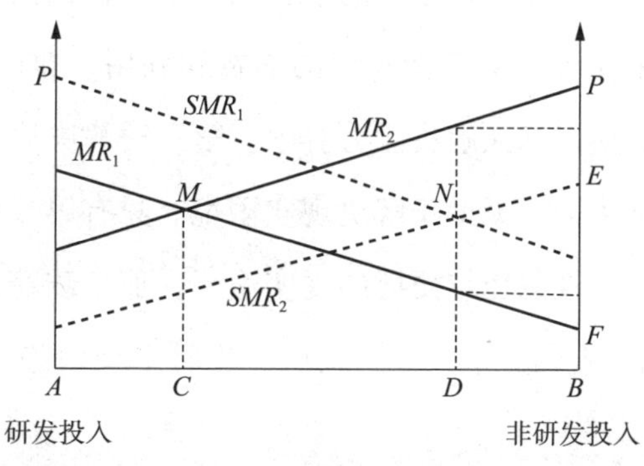

图 2-1　企业进行研发创新的外部性分析

对创新外部性的解决大致有三种途径：一是依靠私人解决。众所周知，根据科斯定理，如果外部性涉及当事人数较少，当事人直接谈判明晰产权就可以解决。对于较小范围内的厂商来说，采用横向合并与纵向一体化的方式，如自发协调组织成为创新联盟①，将外部性融合在组织内部可以解决部分外部性。二是政府干预，其中就包括由政府提供或者对有外部性的创新行为进行补贴。政府补贴通过提高创新活动的预期收益和缩小私人和社会回报的差异，可改变私人参加研发活动的激励。如图 2－1 所示，如果政府能够通过补贴，将企业进行非研发投入的私人边际收益与进行研发投入的私人边际收益存在差额（$MR_2 - MR_1$）缩小为零，则企业在 N 点即可实现个人利益最大化，而此时也实现了整个社会福利的最大化。Arrow（1962）也从外部性角度论述了创新者收益的非独占性对创新者的抑制效应，即便是在竞争市场上，整个社会的创新产品也少于社会期望。因此，政府对于农业、医药、航空等应用领域的研发的参与是合理恰当的，并大有可为。当然，这其中有个假设条件：政府拥有完全信息。这一点也是政府补贴合理性的主要争议之一。三是通过技术进步加以识别。随着技术的发展，原来无法实现的非排他性，在将来能够实现，比如无线电视到有线电视。

这三种途径中，由于研发创新的准公共产品属性，具有非排他性，私人无法从技术上阻止他人对于新知识的消费和利用，即使能够部分阻止，成本也非常高昂，所以私人解决能力有限。第三种解决途径对于何时能够识别确定只能听天由命，无助于解决现实困境。只有第二种途径，政府干预才是解决创新外部性的比较便捷的现实途径。那么政府应该采用何种干预方式呢？根据新制度经济学派的观点，政府干预措施只需界定产权即

---

① 企业之间有动力合作的原因之一是创新知识信息不会完全溢出，默会知识只有通过合作和交流才能获得。

可，比如可以采用加强知识产权保护的方式赋予创新者临时的垄断权力，解决研发成果非专用性问题。但是知识产权保护也会花费一定的社会成本并且不能完全有效地排除模仿者。况且对于新兴产业而言，知识溢出的净效应并不必然为负。在新兴产业或者新技术方面，溢出效应缺乏可能导致研发水平过低，无法满足新兴企业发展的必要技术条件。另外，新制度经济学派提出界定产权是在资本市场、产权交易市场等相对完善的条件下提出的，而转型期的中国，这些条件并不成熟和完善。因此，考虑到中国实际国情和战略性新兴产业目前的发展阶段，政府通过直接提供或者采取措施激励私人投资者提供符合社会期望的研发投资水平和类型是比较有效的手段，这可以促进新兴产业达到一个较高的能够相互促进的研发水平。至于是采用政府直接提供研发创新还是政府补贴企业由企业提供研发的方式，主要判别依据在于外部性的强弱程度。由于企业的研发创新会给企业自身带来一定的收益，存在部分供给激励，可以实行后者，即对企业进行适当补偿由其来提供。胡志国等（2013）在水平创新内生增长模型框架下讨论了政府直接提供与政府补贴企业提供两者的异同，研究建议在现阶段适宜采用政府补贴企业提供的方式，这样更能够提升整个社会的福利水平。该理论有一个前提是政府拥有完全信息，即知道社会边际收益与私人边际收益差值的信息和企业创新情况信息，这很难做到。即便如此，Socorro（2007）对比了采用研发产出补贴与审计监管两种措施，发现在成本相同的条件下，如果不能观察到企业真实的创新信息，采用补贴更有利于提高社会福利水平。

（二）维护本国企业竞争优势的战略性政策

对政府补贴合理性的解释经常会提起的理论之一就是战略性贸易政策理论。该理论发端于 Brander 和 Spencer（1983，1985）的两篇开创性论文。在这两篇论文中，作者提出对于存在超额利润的寡头垄断产业，政府可以运用战略性补贴政策，比如研发补贴、出口补贴等工具，改变企业竞争的初始条件，以降低国内企业边际成本的方式帮助其争取更大的国际市场份额，从而实现利润从国外到国内的转移，谋求国家福利最大化。其基本思路如图 2-2 所示。在无补贴状态下，两企业研发竞争的均衡点在 N。在其他条件不变的情况下，这是符合激励相容的纳什均衡点。在国外企业的反应函数给定的情形下，国内企业等利润线与国外企业反应函数曲线交点 S 是国内企业的最优选择。政府实施的最优战略性 R&D 补贴的作用是改变企业面临的竞争条件，能够使补贴国内企业的反应函数向外移动，使其策略集合发生改变，实现企业的均衡点位于 S 点，即 Stackelberg 领导者——跟随者的均衡点。这是企业依靠自身努力无法实现的。战略性贸易理论解释了在不完全国际竞争市场条件下实施战略性 R&D 补贴政策的合理性，为政府干预提供了理论支持。该理论类似于幼稚产业保护论，但也有区别：战略性贸易政策实施的动机不是因为产业存在正外部性或者资本市场发展不完善，仅仅是为了帮助利润丰厚的产业获取更大的市场份额。随着国际贸易自由化的进展，出口补贴政策逐渐被废止，但是对于研发创新活动的补贴依然发挥着重要作用①。Bagwell 和 Staiger（1992）认为，产品市场竞争的企业不论是数量竞争还是价格竞争，研发补贴都是最优策略。Neary 和 Leahy（2000）指出，研发补贴可以抵消无效率的投资，同时可以作为无法使用的出口补贴的替代策略。Haaland 和 Kind（2008）表明，即使两国企业独立的垄断，政府最优的策略是在交易成本越低时，提供越高的研发补贴。

---

① 根据 WTO《补贴与反补贴协议》将补贴分为三种：禁止性补贴、可诉补贴和不可诉补贴。又分别被形象地称为红灯补贴、黄灯补贴和绿灯补贴。明确规定出口补贴和进口替代补贴为禁止性补贴；而研发补贴作为符合特定要求的专项性补贴，属于不可诉补贴，是被许可的补贴。

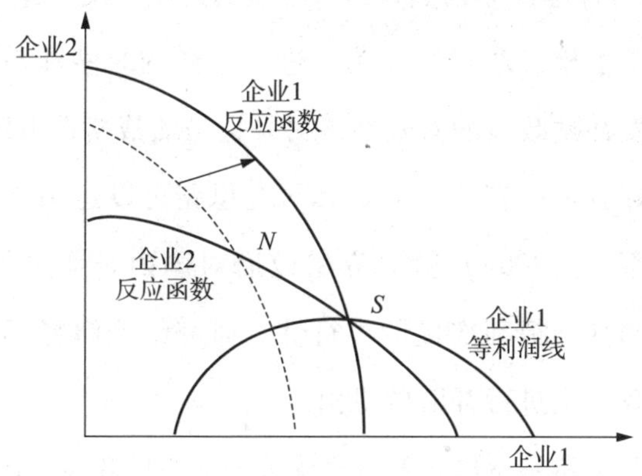

图 2-2　战略性 R&D 补贴的作用分析

资料来源：Spencer and Brander（1983）。

在知识时代，创新能力被提升到国家核心竞争力的高度，各国都投入了大量物力和人力来提升本国的创新能力。企业作为创新的主体，自然受到了政府更多的关注。由于高端装备制造业、新一代信息技术和生物制药等七大战略性新兴产业对于国家的长远发展具有重要战略意义，同时，这些产业中的参与国际竞争的企业通常规模较大，为了获取竞争优势需要耗费大量资源，包括投入巨额资金进行研发，其良好发展关乎整个产业的发展，甚至与整个经济发展相关。政府为了增加本国的社会福利，有动机采用各种手段促进本国企业在国际市场中的发展壮大。其中，政府补贴作为一种实施容易、见效迅速的政策工具，可以有效提升本国企业在国际竞争中的地位，为本国企业的发展赢得主动。众多研究表明，采用政府补贴支持本国企业的研发活动是符合政府效用最大化的理性决策，战略性研发补贴表现出极强的稳健性。如 Spencer 和 Brander（1983）研究指出，本国政府通过对国内企业研发活动进行补贴，可起到抑制国外企业研发投入的战略效果，进而提升本国社会福利水平。Bagwell 和 Staiger（1992）在分析中引入了成本不确定性论证了战略性

R&D 补贴政策的合理性。当然，这种稳健性是在一定条件下实现的。比如，谢申祥和王孝松（2012）认为，进入市场的时序和最终产品的差异程度将影响研发补贴政策的有效性。另外，虽然战略性 R&D 补贴政策是针对企业的国际竞争而言的，但是其研究思路可以运用到国内企业之间的竞争。霍沛军等（2004）就研究了政府对国内企业进行 R&D 补贴以达到研发水平和社会福利次优的可行性。研究结论解释了企业即使不参与国际竞争，政府也进行补贴的缘由。

R&D 补贴作为维护本国企业竞争优势的战略性政策，已经在一些国家的具体产业实践过程中获得了检验，取得了良好的成效。魏龙和潘安（2013）就介绍了日本在稀土产业进行研发补贴的成功案例。稀土资源作为发展战略性新兴产业的重要资源，广泛应用于高端装备制造业、节能环保业和新材料等领域。日本书部科学省等政府部门为了应对本国稀土资源贫乏以及受制于中国稀土政策变化的劣势，对科研院所、企业的稀土替代和回收技术研发活动进行了大力补贴，仅 2012 年就对指定研发机构投入了 2.25 亿日元，同时表明资金援助会持续十年之久。[①] 得益于这些补贴，日本在稀土替代和回收研发方面成果丰硕（见表 2 - 1），实现了日本的资源战略。

表 2 - 1　日本部分稀土替代和回收稀土技术研发成果

研究机构	创新产品	应用领域
东北大学等	脱稀土发动机“SR 发动机”	汽车发动机
日立制造所	不使用稀土的节能型工业电机	工厂和大厦的送风机和风泵
信越化学工业	减少一半镝使用量的高性能磁石	空调产品

① 数据来源：日企加快“脱稀土”产品研发步伐，http：//www. mofcom. gov. cn/aarticle/i/jyjl/j/201204/20120408066904. html.

续表

研究机构	创新产品	应用领域
TDK	不添加镧的新型铁氧体磁石	汽车电动椅、电动窗、电动后视镜的中小型马达，空调、冰箱、洗衣机等白色家电
东芝	不含镝的高浓度钐钴磁铁	汽车和铁路车辆发动机用磁铁
本田	削减 3 成镝使用量的新型马达磁铁	混合动力车核心零件马达
九州大学	不使用稀土类金属的新型有机 EL 发光材料	智能手机显示屏等
松下电器	稀土含量降 9 成的液晶背光源用荧光体材料	发光二极管 LED 等
东京大学	从高性能电机用铷铁硼磁铁中回收稀土	成本低且不会对环境造成污染
松下电器	从废弃旧家电提取稀土钕制成的磁铁	空调压缩机和洗衣机的马达
本田等	从混合动力车镍氢电池回收稀土	镍氢电池材料再利用

资料来源：在魏龙和潘安（2013）基础上整理。

（三）提供企业研发创新信号吸引外部投资

创新作为经济增长的源泉得到了普遍认可，企业作为创新主体，其创新能力的提升事关全局，各个国家都致力于增加本国企业的创新能力。获取创新资金是创新企业发展中最关注的事情，是关乎创新企业的生存和发展重要因素（D’Este 等，2012）。然而，企业在创新的过程中，由于内在的高风险和收益不确定性的特征，与信息不对称问题、代理问题等众多因素的存在，使得企业 R&D 投资进行外部融资的成本高于内部资本的成本，即融资约束问题（Jensen 和 Meckling，1976）。这导致了企业研发得不到有效的资金支持，是造成企业研发积极性受挫的主要原因之一。融资约束问题甚至会阻碍转型国家追赶先进国家的步伐（Gorodnichenko Y，Schnitzer，2013）。

信息不对称问题是造成融资约束的主要原因。R&D 项目风险性高，经营者为避免研发项目泄露给竞争者，往往不愿意披露研发的具体内容和目标等信息，外部投资者对研发项目成功的概率比经营者拥有的信息少，容易造成逆向选择。股东和经营者之间存在代理成本也是融资约束的原因之一。风险规避的经营者倾向于投资对自身利益最大化的项目，而较少对 R&D 进行投资。同时，监督难度大，道德风险问题难以避免。相关文献中融资约束对于企业 R&D 投入的作用还未达成共识，实证研究的结论常常因国家而异。比如，Cincera 和 Ravet（2010）探讨了 2000—2007 年欧盟和美国大型制造企业研发投资融资约束的存在性和重要性。误差修正模型估计出来的结果表明，现金流变化对研发投资的敏感性对于欧盟企业很显著，而美国企业则没有显现出融资约束。国内有学者如康志勇（2013）、唐清泉和肖海莲（2012）等也就融资约束对于企业研发投资是否具有抑制效应进行了研究，认为融资约束阻碍了企业的研发投资，尤其是对于战略性新兴产业发展意义重大的突变式创新而言。

目前，企业研发投资主要来自内部资本。不少研究指出，企业研发投资的优先顺序是从内源融资到外源融资，内源融资主要依靠企业自身利润的积累及企业所有者实收资本的增加（Himmelberg 和 Petersen，1994）。尤其是对于战略性新兴产业中初创企业而言，面临着比大企业更强的融资约束，内源融资是企业进行 R&D 投资的主要途径（Hall，2002）。Carpenter 和 Petersen（2002）采用 1981—1998 年美国 2400 家高科技上市公司的数据进行了实证检验，结果表明高新技术产业由于存在融资约束，可能会导致投资不足。Canepa 和 Stoneman（2008）利用英国的数据也有类似的发现。内源融资是企业研发投资的主要来源，并不说明外部融资不重要，这是面对目前现状的一个无奈的选择。R&D 作为无形资产投资，通常不受投资者青睐，因为不能像资本货物那样提供融资抵押品，即便是提供了外部投资者通常也无法对其价值做出准确的评估（Himmelberg 和 Petersen，1994），一旦发生破产清算，无形资产价值不高（Segarra 等，2013）。企业 R&D 的外部融资环境不乐观。信息不对称及其造成的逆向选择和道德风险问题或许可以解释外部资本为什么不愿意流向企业的 R&D 项目，众多研究均从这一角度展开（Stiglitz 和 Weiss，1981）。与一般投资不同，R&D 项目存在着高额的前期投入和沉没成本。仅以人力成本为例，高度专业化的研发人员薪资水平比一般员工要高很多。这对于企业，尤其是研发密集型的战略性新兴产业企业而言，企业内部资本往往无法支付研发创新的早期巨额投入，使得企业不得不放弃一些研发项目，导致企业的 R&D 投入不足。因此，即便收益不确定性和道德风险等问题降低了外源融资对于研发投资的积极性，但外源融资对于企业的 R&D 投资越来越重要。帮助创新企业获取外源融资可以激发更多的研发创新活动，促进企业新产品的开发和新技术的应用，促进转型国家更快地追赶发达国家。

政府补贴可以较好地缓解资本市场不完善带来的融资约束，Hyytinen 和 AToivanen（2005）检验了政府补贴对于芬兰中小企业的影响，认为在资本市场不完善的情形下，政府补贴可以不成比例地激励那些依赖外源融资的企业进行创新活动和发展。这是政府补贴直接缓解融资约束的实例。图 2－3 直观地阐释了不完美资本市场条件下政府补贴的直接作用。纵轴表示资本使用成本和投资回报率，横轴表示企业的研发投入。在完美资本市场条件下，企业面临的资本边际成本是 MCC_ perfect，这是一条平行于横轴的直线，不存在内源融资与外源融资的差异，两者可以完全替代，即不存在融资约束（Modigliani 和 Miller，1958）。但是，由于前文所述的信息不对称、逆向选择等问题造成了融资约束，企业使用外部资金的边际成本向上倾斜，如 MCC_ imperfect 所示。MRR 表示企业研发投入的边际收益，这是一条向下倾斜的曲线，因为随着企业研发投入的增加，投资的边际收益递减。如果在完美资本市场条件下，企业的最优选择位于D点，在不完美资本市场条件下，企业的最优选择位于B点。可以很容易地理解由于资本市场不完善，存在融资约束，导致了企业的研发投资不足。政府补贴直接降低了企业外部融资的边际成本，促使边际成本曲线向右侧移动至MCC_subsidy，此时，企业的均衡点位于C点，不完美市场中融资约束造成的问题得到缓解。当然，政府补贴对于仅仅依靠内源融资的企业来说没有影响，如图中A点所示。因此，政府补贴重点对象是需要外源融资的企业，发放给仅靠内源融资即可满足的企业意义不大。

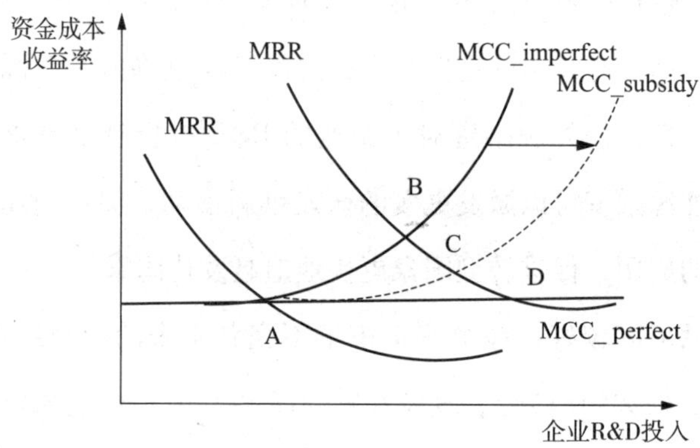

图2－3　不完美资本市场条件下政府补贴的直接作用

资料来源：根据Hyytinen和AToivanen（2005）修改。

政府补贴缓解融资约束的间接机制也比较有效：政府补贴在帮助企业获取外部融资方面具有很强的信号作用（Kleer，2010；高艳慧等，2012），主要通过两个层面来发挥作用：一是向外界释放企业在相关研发处于领先地位的信号，因为企业能够获得政府补贴表明通过了政府组织相关领域专家对其进行的评估和审核；二是向外界释放企业与政府拥有良好的关系，这会对企业获得银行的信贷支持有很大的促进效应。中国正处于发展转型期，各种非市场的影响因素和政府关系在各方面表现得更为复杂。政府对于国有银行的信贷资源配置有一定的影响力，释放出与政府关系良好信号的企业常常意味着偿债能力有所保障。张杰等（2012）以获得政府补贴作为企业有政治关联的划分方式，发现获得过政府补贴的民营企业可以将银行贷款作为 R&D 投入的资金来源，而其余民营企业则无法做到。另外，政府补贴可以部分满足企业研发创新项目前期运行启动需要的资金，增添了企业自身和外部投资者的信心。相较于股权融资和债权融资这两种外源融资及其他内源融资，政府补贴可以激励上市公司通过债权融资提高公司创新投资，是提高中国上市公司创新投资效果最显著的手段。

（四）诱导企业产生额外行为，加大研发投入

增长的竞争压力和较短的技术周期使得企业从研发寻求更快实现、更高程度的利润。企业通常优先考虑周期短、应用性强的研发项目，以便更有效率、更贴近企业目标。这就加剧了对于长期性的、风险较大的项目的投资不足。而这些项目对于未来的创新具有支撑作用，潜在的外部性和社会收益都比较大。政府补贴可在一定程度上缓解这种短视的行为。

政府补贴的激励作用发挥的关键在于额外性（Additionality），即如果没有政府补贴的情形下企业自身不会产生的研发的净效应。从目标导向上来看，可以分为两条路径：一是加深原有创新企业的创新积极性，使其在创新上投入或者产出更多；二是扩大参与创新企业的基数，使原来不创新的企业进行创新。从促进创新的具体内容上来看，可以划分为三个层面：研发投入额外性、研发产出额外性与研发行为额外性。研发投入额外性（Input Additionality）是指政府补贴不会挤出而是激励额外的研发投入，由政府补贴激发出来的研发投资要高于政府补贴值（Cerulli，2010）。如果政府补贴取代了原本由企业进行的研发投资，这会造成资源错配。反之亦

然，政府补贴与私人投资之间的互补关系为政府补贴的合理性添加了注脚。如图 2－4 所示，t_0 表示没有政府补贴的情形下企业的研发支出，t_1 表示在政府补贴后企业研发支出的情形。政府补贴为 S，A 表示政府补贴诱导的企业研发支出的增加额。这五种情形中，最理想的效果就是最右边的存在额外行为的效应。[①] Blanes 和 Busom（2004）利用西班牙制造业企业的数据进行了实证检验，表明了政府补贴可以诱导企业做出额外的努力。确保额外性最大的困难在于信息不对称，因为政府无法事先获知研发项目是否会挤出企业投资。由于研发投入未必与研发产出成比例，因此从研发产出视角评价额外性的研发产出额外性（Output Additionality）被提出来。政府补贴不仅会对研发投入、产出有影响，对企业的研发战略也会产生影响，即研发行为额外性（Behavioural Additionality）（Buisseret 等，1995）。该方面的研究旨在打开企业创新的黑箱，探究企业的创新过程，对企业认知能力、吸收能力及与其他创新者关联等方面的变化做出考察。

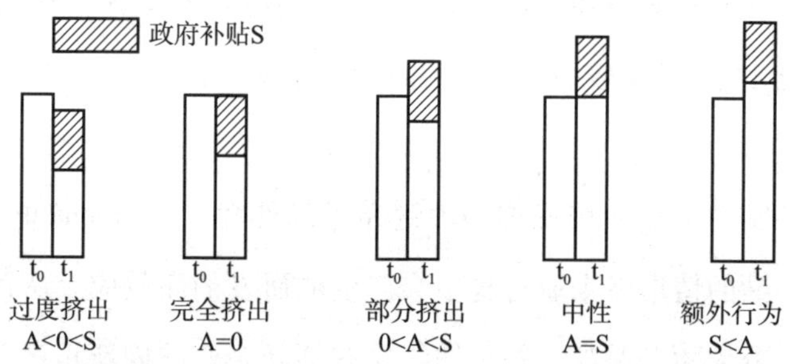

图 2－4　政府补贴对于企业研发支出影响的效应分类

资料来源：根据 Boeing（2014）、任国良等（2013）整理。

诱导企业产生额外行为主要通过两个机制发挥作用：一是降低成本，二是分担风险。前者比较直观，目前政府补贴多为对供给侧的补贴，不论

① 对于造成各种效应具体原因的分析见本章 2.3.1。

是研发补贴还是生产补贴，直接降低了企业的生产成本，使企业有充足的资金进行研发创新活动。尤其对于创业初期的中小企业，可能受制于现金流无法投入足够的资金进行研发，政府补贴的效果就会凸显出来。后者是政府给予企业的研发项目进行了筛选，提供了技术发展方向，并且相当于变相给予企业创新项目失败风险补偿，为企业创新的分担了部分风险。王鹏举等（2014）研究表明，在企业具有较高的创新能力时，对其给予创新失败的补贴有助于社会福利的提高。

综上所述，在市场失灵的情形下，政府补贴的应用可以增强企业竞争力，比如促进企业研发和国际化，还可以帮助企业获得外部资金支持，从而可以引发对社会有利的企业额外行为。从这些理论中总结出政府补贴的实施需要满足条件：①具有正向外部性；②产业处于不完全国际竞争市场条件下；③不完全的资本市场造成融资约束；④企业对于外源融资有较强依赖性。政府补贴发挥作用的关键是促进企业产生额外行为。这也是政府对战略性新兴行业进行补贴的主要理论依据，根据这四种理论政府补贴能达到促进产业创新的期望效果。同时，鉴于中国国情和战略性新兴产业发展处于培育期的阶段，在技术创新推动乏力的形势下，战略性新兴产业政府补贴具有一定的必要性和合理性。当然，这几种理论共同的假设是政府具有完全信息，政府拥有信息的多少成为制约政府补贴发挥效果的主要因素，这也是政府补贴饱受争议之处。

二、政府补贴的实践效果：补贴的事实经验

前面阐述了战略性新兴产业政府补贴的理论基础，下面就政府补贴的实践效果进行考察。长久以来的世界各国对产业补贴的广泛实践经验和中国对战略性新兴产业几年的培育情况带来了众多的启示。事实证明，政府补贴是世界各国促进产业发展的通行做法，也对中国战略性新兴产业的发

展起到了重要的作用。这也是政府对战略性新兴产业进行补贴的现实依据。

（一）世界各国促进产业发展通行做法

世界上很多国家都利用财政补贴政策来引导产业发展，比如日本，其战后实体经济的快速腾飞，财政补贴起到了重要作用；再如欧盟及其成员国，其对新能源产业的补贴政策帮助不少欧洲企业成为该行业的佼佼者。政府补贴是世界各国促进产业发展的通行做法（Nevo，1998），通过制定各种产业促进计划和加大政府投入资金力度为经济增长提供动力。

为了促进技术创新和经济增长，很多国家的政府实施了研发支持计划，补贴国内企业进行研发活动，尤其是国内企业在国际市场上与外国企业进行竞争时，比如欧盟的尤里卡计划（the Eureka Program），美国实施了 SPIR（the Strategic Partnership for Industrial Resurgence）项目（Koenig *etal*，2014）。各国政府对 R&D 的补贴历史源远流长，在 20 世纪 70—80 年代就已经是一种普遍的现象。比如，日本在 1976—1979 年推出超大规模集成电路计划（VLSI，即 Very Large Scale Integrated Circuit），四年间政府补贴 291 亿日元，占研究费用总额的 40%。该项计划促使日本在 1986 年一跃成为世界上最大的半导体生产国（方厚政，2006）。美国为了促进半导体技术的发展，在 1987 年组建研发联盟 SEMATECH，该组织 1987—1996 年间年度预算近一半来源于政府补贴的支持。得益于这些计划成功的经验，2008 年金融危机过后，各国政府产业促进计划不断出台（见表2－2）。这些计划的背后意味着政府资金的投入，政府补贴是重要内容。如美国 2009 年提出新能源计划，在未来十年内投入 1500 亿美元资助新能源的研发和应用；2012 年制定《先进制造业国家战略计划》，明确写明联邦政府应加大研发投资力度，计划为先进制造业的研发提供22亿美元的资助，比2011年增长50%以上。德国2013年计划投入2亿欧元资金用于支持“工业4.0”项目。①

表2-2　2008年后主要国家实施的政府补贴战略

国家	年份	战略	政府补贴相关内容	领域
美国	2009	新能源计划	10年内投资1500亿美元资助替代能源的研究；200亿美元来支持新能源汽车	新能源、新能源汽车
	2009	节能和环保专项拨款计划	总额为32亿美元，其中27亿美元是通过“固定拨款”直接拨付给有关单位	节能环保产业
	2011	材料基因组计划	四个联邦政府部门共同投资630亿美元	新材料
	2012	先进制造业国家战略计划	计划为先进制造业的研发提供22亿美元的资助	先进制造业
德国	2009	电动汽车国家发展计划	安排5亿欧元，用来资助电池研究中心和电动汽车示范区	新能源汽车
	2014	新高科技战略	2014年投资110亿欧元，研究经费再增加30亿欧元	新能源汽车、新一代信息技术
英国	2009	低碳转换计划	拨款32亿英镑用于住房的节能改造	节能环保产业
	2010	充电汽车消费鼓励方案	对新能源汽车进行售价25%的补贴，最高为5000英镑	新能源汽车
欧盟	2009	绿色经济计划	2013年之前投资1050亿欧元全部用于环保项目以及与其相关的就业项目	节能环保产业
法国	2008	新车置换政策	购买新能源汽车可获得5000欧元补贴	新能源汽车
日本	2013	制造业补贴	1400亿日元制造业补贴旨在促进中小企业开展样品研发和设备投资	制造业

资料来源：根据新闻报道等整理。

世界各国都意识到研发活动对于经济增长的重要作用，纷纷投入大量资金以支持促进本国的研发活动。发达国家对此更是不遗余力，据欧盟统

① “工业4.0”项目最早于2011年由产业界在德国汉诺威工业博览会提出，核心内容是利用物联网等新技术促进制造业发展。德国政府在2013年发布《保障德国制造业的未来：关于实施工业4.0战略的建议》，同时将其纳入《高技术战略2020》。

计局的公开数据显示，2007—2013 年七年间，欧盟 28 国政府每年对国内研发活动的支持费用平均超过政府总支出的 1.41%；美国的占比更高，超过 2.21%；韩国最大值高达 3.5%。在遭遇 2008 年金融危机时，研发支持所占政府总支出的比重也没有发生剧烈下降，有些国家甚至有所提升，比如德国，以此来促进经济回升（见表 2-3）。①

表 2-3　主要国家研发支持费用占政府总支出的比重

	2007 年	2008 年	2009 年	2010 年	2011 年	2012 年	2013 年
欧盟（28 国）	1.5[e]	1.52	1.53	1.49	1.49	1.42	1.41
欧盟（15 国）	1.54	1.57	1.57	1.53	1.53	1.45	1.44
德国	1.77	1.81	1.89	1.93	2.01	2.02	2.05[p]
西班牙	1.94	1.87	1.8	1.72	1.52	1.26	1.16[p]
法国	1.42[d]	1.65	1.64	1.49	1.5	1.31	1.27
意大利	1.34	1.3	1.24	1.22	1.17	1.11	1.06
瑞典	1.55	1.54	1.66	1.69	1.62	1.69	1.64
英国	1.51	1.34	1.31	1.26	1.24	1.21	1.21[ep]
俄罗斯	1.13	1.14	-	-	-	-	-
美国	2.66[d]	2.52[d]	2.65[bd]	2.34[d]	2.24[d]	2.21[d]	-
日本	1.91[d]	1.89[d]	1.81[d]	1.83[d]	1.83[d]	1.85[d]	-
韩国	2.91	2.99	3.02	3.39	3.5	-	-

注：上标 b 表示时间序列有间断，d 表示定义不同，e 表示是估计值，p 表示是暂定值。

资料来源：欧盟统计局。

中国政府的 R&D 支出逐年上涨，对企业的研发补贴力度逐年加大。但是对比发达国家，中国政府的研发支出水平不论从总体支持数量还是政府支出占研发支出总量的比重上仍然有较大差距。以 2012 年为例，中国 R&D 支出总量中政府所占比重仅为 21.57%，与 OECD 等国家和地区对比属于比例最少的行列（具体数据见附录 2）。

① 数据参见：http：//epp.eurostat.ec.europa.eu/portal/page/portal/science_ technology_ innovation/data/database.

（二）战略性新兴产业的创新成果状况

战略性新兴产业在政府的大力扶持下，取得了丰硕的创新成果。创新成果可以通过专利状况来说明。本书将专利分为申请专利和授权专利。申请专利可以反映企业对于创新的主观努力程度，而授权专利反映企业有效的受法律保护的专利状况。依据所申请专利的新颖性、创造性以及实用性，专利分为发明专利、实用新型和外观设计三种类型。

1. 专利数量年度变化趋势

如图 2－5 所示，申请专利年度总量持续增加，从 2007 年的 2303 件增至 2012 年的 8771 件，2013 年略有下降，但仍保持在较高水平，七年间年均增长 905 件。不同的专利类型也实现了稳步增长。其中，发明专利申请从 2007 年的 871 件增至 2013 年的 2781 件。授权专利数量由 2007 年每年 471 件增至 2010 年的 1072 件，之后处于下降态势。

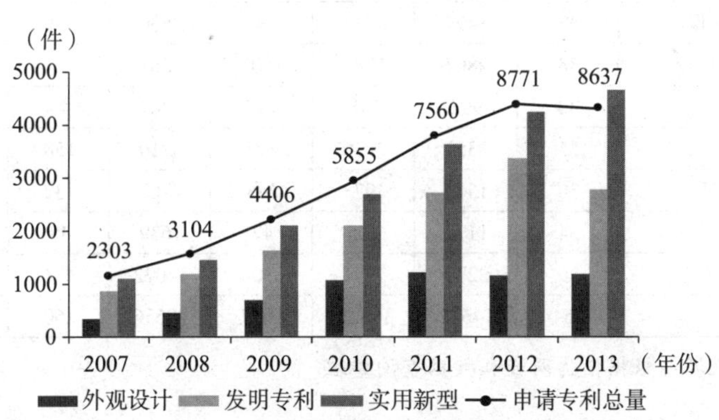

图 2－5　专利数量年度变化趋势

资料来源：根据佰腾网专利数据整理。

2. 专利数量产业分布情况

不同产业的专利状况存在较大差异。如表 2－4 所示，从产业内每家企业平均申请专利数量来看，新能源汽车最多，每家企业的申请数量达484件，说明中国在新能源汽车专利技术研发方面进步较快，从侧面反映了新能源汽车产业竞争激烈和企业专利意识的增强。同时也可以看出，目前新能源汽车产业专利中外观专利与实用新型专利占到77%，创新含量最高的发明专利仅占不到三成，得到授权的发明专利更少，不足发明专利申请的三分之一。而申请专利平均数最少的是生物产业和新材料产业，分别为44件/家、48件/家；但是仔细辨别可以发现这两个产业的创新集中在发明专利上，实用新型和外观设计比较少，这与其产业性质相关，这两个产业的创新呈现出量少而质优的特点。新一代信息技术业和高端装备制造业位于中等水平。但是新一代信息技术申请发明专利的平均数最高，为75件/家，表明其在创新质量上处于高端水平。

表2-4　专利数量产业分布情况　　单位：件

产业类型	企业数量	申请专利					授权专利
		发明专利	实用新型	外观设计	合计	平均	
节能环保	32	1494	2145	191	3830	120	530
新一代信息技术	38	2867	1989	1505	6361	167	988
生物产业	30	962	148	197	1307	44	426
高端装备	55	3357	4936	417	8710	158	971
新能源	36	1549	2973	245	4767	132	508
新材料	34	1172	425	42	1639	48	490
新能源汽车	29	3271	7251	3500	14022	484	868
总计	254	14672	19867	6097	40636	160	4781

资料来源：根据佰腾网专利数据查询整理。

3. 专利数量产权属性分布

专利数量产权分布特点如表2-5所示，地方企业平均申请专利数量最多，高达312件/家。最出乎意料的是，民营企业平均申请专利数量最少，仅为104件/家。即使是对申请专利的类型进行比较分析，可以发现民营企业也是申请专利最少的。这与大多数文献认为的民营企业比国有企业创新性更强的结论不一致（如吴延兵，2012）。本书认为，这是由于战略性新兴产业培育初期是由政府主导的特性有关。在政策引导下，国有企业具备资金雄厚、抗风险能力强的优势，因此在大量政府补贴激励下进行研发创新。而民营企业大多数规模比较小，抗风险能力差，即便存在大量政府补贴也不敢贸然进行大量研发。这一假设的详细论证见第四章。

表2－5　专利数量产权属性分布　　单位：件

产权属性	企业数量	申请专利					授权专利
		发明专利	实用新型	外观设计	合计	平均	
中央企业	51	4121	4720	378	9219	181	1295
地方企业	44	3781	6942	3000	13723	312	1086
民营企业	150	6328	7073	2273	15674	104	2252
其他	9	442	1132	446	2020	224	148
总计	254	14672	19867	6097	40636	160	4781

资料来源：根据佰腾网专利数据整理。

综上所述，战略性新兴产业在政府支持下，在专利方面获得了快速增长。但需要注意的是，这只是对客观事实的总结描述，表明战略性新兴产业在目前的条件下获得了发展，并不是强调政府补贴带来了这些成果。战略性新兴产业取得了一定的成果与政府补贴之间的关系只是相关关系，不是因果关系。甚至可以进一步设想：如果没有政府补贴，战略性新兴产业会不会取得这些成果？答案不明确，尚不能定论，有待于进一步检验。对于政府补贴与产业发展之间的关系，很多学者对于这个问题进行了丰富的探讨，后文会进一步展开论述。

三、政府补贴的负面效应：反思与质疑

政府对战略性新兴产业进行补贴在理论层面和实践效果上有一定的合理性和必要性。虽然实践经验部分表明，战略性新兴产业的良好的创新状

况与政府的大力扶持相关，但在理论上的支持依旧不清晰和不确凿。政府补贴是一把双刃剑，不仅应该注意到其正面效应，其负面效应也是政策制定者、产业界和学术界关心的核心问题。一项政策的制定通常是权衡的结果，全面分析利弊是这个过程的必要前提。下面针对政府补贴的负面效应，反思与质疑其不合理之处，为未来的政策调整提供较为全面的分析视角。

（一）政府补贴促进创新的效果具有不确定性①

从理论上来讲，政府补贴可以促进原有创新企业产生额外研发行为，同时可以激励原来不创新的企业参与创新。如果说政府补贴在理论上的合理性尚可以接受，那么政府补贴在实践中存在较大争议，争议的焦点在于市场失灵的程度和政府补贴的净效应难以衡量。因此，对于政府补贴是实际效果进行实证检验为解决争议进行的必要步骤。但是根据现有的实证文献，政府补贴促进创新的效果具有不确定性，并不一定是研发政策的最优选择。

1. 从补贴方式上来讲，政府补贴的效果并不一定优于税收优惠政策

Hall 和 Van Reenen（2000）系统梳理了 R&D 财政激励效应的实证文献，考察了在 OECD 国家税收系统对于研发成本的作用。认为一美元的研发税收优惠会刺激产生一美元的额外研发行为。R&D 的税收处理越来越宽松，政府倾向于越来越多采用税收政策而不是直接补贴的方式来促进企业研发创新。陈林和朱卫平（2008）提出，对比创新补贴政策与出口退税政策，前者的有效性存在不确定性，而后者的创新激励效应更为明显和高

① 该部分的分析最好采用 meta 元分析方法进行定量分析，但限于收集到的资料丰富程度，现仅进行定性描述。

效。减免税能有效刺激企业增加研发投入，对研发人员投入增加也总体显著（李林木、郭存芝，2014）。

2. 从补贴促进研发投入的效果上，政府补贴并不一定促进企业加大研发力度

政府补贴对于企业的影响，比如进入策略、创新效率等，学界尚未达成一致认识。汪秋明等（2014）认为，政府补贴只会诱导潜在企业进入战略性新兴产业，但不能促进企业进入后加大研发力度。由于监督困难和惩罚力度不够，补贴资金大部分用于其他用途。郭晓丹和何文韬（2011）认为，战略性新兴产业的政府研发补贴未能体现出信号效应，其引导产业投资的作用未能有效发挥。冯宗宪等（2011）发现，政府投入与创新活动的技术效率及规模效率均表现出负向关系。

实际上，学界一直有关于政府补贴的“激励效应”与“挤出效应”的争论。激励效应（Stimulate）是指政府补贴能够促进企业加大研发投入力度，又称为互补效应（Complement）；挤出效应（Crowd Out）是指政府补贴会抑制企业的研发活动投入，又称为替代效应（Substitution）、取代效应（Displacement）。这两个概念在学界一直未得到统一，这也从一定程度上反映了政府补贴对于企业创新影响结果的不确定性。对于哪种效应占主导地位，我们无法得到先验的结论，这本质上是一个实证问题。解维敏等（2009）认为，政府研发资助对企业研发支出存在激励作用。与此相对，逯东等（2012）认为，对于那些存在政治关联的企业，政府补贴与研发支出显著负相关，存在挤出效应。刘虹等（2012）认为，存在一个最优补贴值，补贴力度小于最优值时产生激励效应，反之则会产生挤出效应。Boeing（2014）利用2001—2006年上市公司数据研究了中国研发补贴的分配和效应。该研究认为，补贴立即挤出了企业的研发投资，但是从长期来看效果是中性的；2006年，1元人民币的补贴挤出企业0.5元的研发投资；

对高新企业的政府补贴作用甚微。Wallsten（2000）实证发现，会出现完全挤出效应。国际经验也未能给该问题的解决带来启发，利用不同国家数据得出的研究结论有很大差异。[①] Aidis 等（2010）运用全球创业观察报告（Global Entrepreneurship Monitor）数据对 27 国进行了实证检验，结果发现政府支出并不能激励企业家精神，两者甚至呈现出负相关关系。

产生这两种效应的原因也是众说纷纭，如前所述的政府补贴的弥补外部性、战略性政策、信号效应、额外行为等都是产生激励效应的原因。至于挤出效应的产生，一种说法是补贴提高了对研发资源的需求，抬高了创新要素价格，比如提高了研发人员的工资水平，从而增加了企业创新的成本；另一种说法是政府补贴仅仅是替代了原本可由企业自己来完成的研发创新投资，并没有产生额外行为（白俊红，2011）。当政府研发补贴在私人 R&D 回报率原本就比较高的地方，替代效应就可能发生。

3. 从补贴促进企业研发产出效果上，政府补贴与创新产出的关系不确定

有些研究认为政府补贴对企业的创新产出激励效应是显著，比如郭晓丹等（2011）认为，政府补贴能够为企业指明技术攻关方向，促进企业获得更多专利成果。Azoulay 等（2015）量化了美国政府补贴对于生物制药企业专利产出的影响，认为补贴促进了私人专利产出：1000 万美元补贴增加 3.1 项专利。粗略计算，相当于 1 美元补贴产生 2 美元预期寿命的药物收入。

但是，政府补贴对于创新产出的激励作用也遭到了质疑。因为政府研发补贴通常是依据企业研发投入进行分配，与研发产出无关，这样就可能导致道德风险问题，企业有动机实施次优的研发项目。比如，朱平芳和徐

① 白俊红（2011）列示了利用不同国家数据得出相反结论的文献。

伟民（2003）利用上海市的实证数据表明，政府补贴对专利产出的影响并不显著，造成这种现象的主要原因是，相较于其他渠道的研发资金，政府补贴约束机制较弱。陈林和朱卫平（2008）的实证检验表明，创新补贴政策的发挥依赖于一定的外部环境，政策效果具有不确定性。陆国庆（2011）发现，战略性新兴产业创新中小板上市公司中，企业创新绩效与政府支持力度之间为弱相关关系。

上述三个方面的不确定性引发了学者的注意，为什么研究结论存在这样的差异？在理论层面上，David 等（2000）通过对 1965—2000 年的 33 篇实证文献的系统梳理，认为出现不一致性的原因有四点：①数据统计方法不同；②计量方法不同；③政府补贴项目的差异；④研究框架的差异。该文的研究结论认为，大多数实证研究认为政府补贴和私人研发投资是互补关系，但是，有三分之一的研究认为是替代关系，尤其是在企业层面的研究。张兴龙等（2014）认为，根本原因是已有研究未能对政府补贴方式和类型进行区分，仅从总量上考虑政府补贴的效果。张杰（2012）认为，金融体制落后造成的融资约束可能会导致政府补贴等政策的失效。

在实践层面上，有学者认为政府创新补贴效果不确定是因为政府补贴的实际操作出了问题。比如，Katz 等（1990）认为，政府补贴的效果受到信息不对称的制约，企业为了获取更多政府补贴会虚报自己的创新信息。安同良等（2009）也指出，企业经常发送虚假的“创新类型”信号以获取政府 R&D 补贴。曹建海和邓菁（2014）认为，研究对象和样本不同、受惠产业的发展环境与发展阶段差异是不一致性的主要来源。

（二）政府补贴异化为企业粉饰业绩手段

政府补贴政策作为分配稀缺资源的非价格机制，将分配稀缺资源的权力交给了政府部门。当政府部门获得了这项稀缺资源的分配权力后，由于公众对政府部门监督、管理的信息不对称会造成了新的道德风险。形式各异的政府补贴已经异化为部分上市公司调节利润、粉饰业绩的手段。据Wind数据库统计显示，在2013年2638家上市公司中，有2490家获得了政府补贴，约占总企业数量的94.4%，共获得补贴764亿元。这反映出政府补贴的普遍化和常态化。其中，212家亏损企业获得了政府补贴。在这212家企业中，有130家借助政府补贴实现了扭亏为盈，所占比例高达61.3%。针对Wind数据库中“平安战略性新兴产业”分类而言，2013年499家企业中494家获得了政府补贴，其中44家为亏损企业。33家企业依赖政府补贴扭亏为盈，占获补贴亏损企业数量的75%。

正如上文所述，政府补贴的真正用途在于弥补市场失灵促进企业技术创新，提升企业绩效，发挥财政支出的“二次分配”的作用，实现产业结构调整的目的。对于战略性新兴产业而言，政府补贴是帮助初创企业起步，促进节能环保、新能源等高新技术的发展，带动产业结构的升级和调整，体现国家发展战略导向。政府补贴的存在有其合理性。政府补贴也确实鼓励了一批具有先进技术的、积极开发新产品的优质新兴企业的发展壮大。

但是，在实际实施的过程中，也存在着偏离初衷的现象。无论是媒体、学界还是企业界，质疑声不绝于耳。首当其冲的是对补贴对象的质疑。一是对国有企业的偏袒。部分高利润的国有企业享受着巨额的补贴，比如中石油。其在2011—2013年，净利润分别为1330亿元、1153亿元、1296亿元，却获得67.34亿元、94.06亿元、103.47亿元的巨额政府补贴，连续3年成为A股获得政府补贴最多的企业。二是对于亏损企业补贴。有些连年亏损的企业靠着政府补贴活着，比如被誉为不死鸟的京东方。这些无力依靠自身经营存活的企业依靠蚕食巨额政府补贴生存，成为僵尸企业。一些技术落后、产能过剩行业的亏损企业贴上“创新”“环保”“战略性新兴产业”的标签后，获取政府补贴。得益于这些补贴，这些企业扭亏为盈，一些因业绩不佳面临退市的企业免于退市。

这种现象产生的原因，通常被认为源于地方政府对于GDP的盲目追求。更直接来讲，地方政府官员需要这些企业的“良好”发展为地方招商引资提供便利，从而获得税收、解决就业，为自己的晋升提供政绩支持。与此同时，一个较为合理的怀疑是企业与地方政府官员之间存在利益输送，即地方政府官员在为自己从企业寻租创造空间。从企业的角度来讲，利用政府补贴粉饰业绩是低成本、高收益的事情，乐于积极争取。这种“利益双赢”的模式使得政府与企业一拍即合，于是大量的政府补贴就流入了亏损企业，用于扮靓业绩。

这种异化带来的后果显而易见。首先，干扰了市场调节机制作用的发挥。企业的盈亏向市场传递企业发展状况的信号，资本市场据此进行资源配置，优胜劣汰。但是经过政府补贴的调节和干扰，市场传递信号的准确性下降。原本用于弥补市场失灵的政府补贴却加剧了市场调节失灵，资本市场的资源配置作用难以发挥，扭曲了公共资源分配。行业内企业间的所获政府补贴的差异化使得资源不再完全取决于生产率的高低，而是从低补贴企业向高补贴企业配置，成为导致中国制造业生产率分布离散与资源误置的重要原因（蒋为、张龙鹏，2015）。其次，损害了企业公平竞争的环境，[①] 抑制一些竞争能力强的优质企业发展的积极性。最后，容易养成企业对政府补贴的依赖，缺乏对自身竞争力的建设，降低政府补贴的资金使用效率。政府也因大量政府补贴支出背负着沉重的财政压力。另外，政府补贴的滥用也消减了政府补贴正效应中的信号效应，因为对于大量亏损企

① 2014年7月14日，在李克强总理主持召开的经济形势座谈会上，格力董事长董明珠、东方希望集团董事长刘永行都表示，不需要政府补贴，只希望公平。

业的补贴使得企业的优劣难以甄别，外部投资者会降低对这一指标的考虑权重。

解决政府补贴出现的异化现象，需要从改革政府对市场的引导方式入手，减少政府的行政干预，发挥市场的主导作用是从根源上解决此类问题的基本思路。探索政府与企业的新型互动关系是当今政府补贴有效发挥作用的重要课题。政府补贴制度设计的优化势在必行，要真正让市场在资源配置中起决定性作用。

（三）政府补贴扭曲企业的投资行为

政府补贴扭曲企业投资行为，表现为两个层面的问题：一是促使企业投资程度发生变化，比如过度投资；二是扭曲企业的投资方向，比如原本用于研发的资金现在被用于寻租，造成了资源的错配。

首先，政府补贴改变企业投资程度造成了很多乱象。比如产能过剩问题，通常认为地方政府的各项显性和隐性补贴是主要动因。很多实证研究表明了政府补贴和产能过剩的关系。许罡等（2014）以中国上市公司2007—2012年的数据为样本考察了政府补贴对企业投资方向的影响，认为政府补助促使企业扩大固定资产投资，同时减少企业对外投资和无形资产投资，对经济增长速度低的地区更为明显。这会导致对经济增长贡献大的固定资产投资被优先选择，而对企业创新等无形资产投资被轻视，陷入“高增长、低效率”的粗放式增长模式中。中国社会科学院工业经济研究所的报告（2013）指出，体制扭曲背景下，为了赢得地区间资本流入竞争，地方政府广泛采用投资补贴和帮助企业获得金融措施等方式刺激企业扩大产能，扭曲了企业的投资行为，这是导致产能过剩最为重要的原因。因此，化解落后产能问题需要更多地从市场机制入手，首先需要做的就是减少地方政府的各项补贴措施（钟春平、潘黎，2014）。

政府补贴造成企业过度投资的机制主要在于政府和企业之间的信息不对称。由于信息不对称的存在，政府无法有效甄别创新企业与非创新企业。在大量补贴存在的情形下，企业有非常强的动力去报告自己是创新企业，发送信号的方式之一就是快速扩大产能。而在补贴政策实际执行中，政府补贴资金的规模一般以项目总投资为标准来衡量，通常占项目总投资的10%～15%（郑世林、刘和旺，2013）。这就更助长企业过度投资的动机，导致了企业争相过度投资获取更多的政府补贴，新兴产业内部企业间的恶性竞争不断加剧。如果扩大产能的成本很高，只有少数有能力的企业能够做到，可能造成的影响不大；如果扩大产能的成本很低，多数企业都能够做到，发送信号的作用减弱，造成的负面影响也不大。但如果扩大产能的成本位于中间水平时，就会造成严重的产能过剩现象。战略性新兴产业扩大产能的成本一般处在中上水平，因此，大量的政府补贴常常会导致企业过度投资，从而引发产能过剩问题，产业发展大而不强。比如，光伏产业产能过剩主要是由政府大量补贴诱导下企业过度投资造成的。国际市场对光伏组件需求从2008年第四季度开始大幅下降，但中国的光伏厂商借助政府补贴仍在逆势扩张产能。2011年光伏产品价格大跌，企业亏损、停产的状况很普遍，但包括光伏行业龙头企业在内的不少企业仍靠着地方政府的财政补贴得以生存下来。

其次，政府补贴扭曲企业投资方向最主要的表现就是原来可用于生产性的资源现在投入到寻租当中，这会造成社会福利的损失。由于现行补贴政策缺乏科学合理规划，政府补贴在时间安排上的随意性比较强，一些补贴项目未能根据产业发展情况作出变动，补贴项目只增不减，政府补贴一直未退出对市场的干预，甚至有部分补贴已经演变为长期财政支出项目，导致了企业和主管部门对于政府补贴的依赖。另外，政府补贴大多采用的是事前的审批制，事中和事后的监督力度较弱，部分制度设定流于形式，缺乏强有力的约束。这两个特点给政府补贴的主管部门和企业之间的合谋创造了机会。政府补贴成为政府官员设租和企业寻租的触发器。为了获取政府补贴，企业利用各种手段与政府“搞关系”，加大企业社会资本投资，致使企业偏离了创新研发、专注生产的本职，将更多的精力投入到寻租获取政府补贴上。同时，也成为政企合谋的利益所在，引发官员腐败问题（杨丹辉等，2014）。

政府补贴制度设计中即使项目不成功，补贴也不会返还。这就容易产生道德风险：政府补贴引诱企业参与一些并无真正意愿参与的项目，企业进入仅仅是为了获取政府补贴等各种优惠条件和厂房土地等增值空间，而不在于项目的投产运营。政府补贴没有增加企业的创新，仅仅是资源从纳税人到生产者进行了转移，企业将政府补贴用于其他与研发创新无关的事项，无助于解决研发活动的市场失灵问题，反而破坏了市场公平竞争。这种情形并不少见，国家审计署 2013 年对 5044 个能源节约利用、可再生能源和资源综合利用项目审计结果显示，有 29 个项目单位挤占、挪用“三款科目”资金 2.26 亿元用于生产经营、偿还借款、业务经费等无关支出（具体项目的审计问题见附录 3）。

第三章

政府补贴方式选择对企业创新的差异化影响

战略性新兴产业由于技术上的复杂性、不确定性、外溢性以及市场需求的拉动不足，完全依靠自身力量不足以发展壮大，政府对其进行了大力度的补贴。但是，补贴的方式有很多种，不同的补贴方式又会对企业创新产生不同的影响，这就需要对于可能的影响和各种方式的相对效应做出衡量。本章在梳理政府补贴方式的类型基础上，重点探讨了面向企业补贴和面向产品补贴的差异，最后简要介绍了其他补贴方式的异同，为政策制定者在事前与事后补贴、研发与产品补贴、税收优惠与直接补贴等方式间的选择提供参考。

一、政府补贴方式的多样选择

（一）政府补贴方式分类

政府补贴有财政拨款、财政贴息、税收返还、无偿划拨非货币性资产等类型。表 3－1 列示了政府补贴分类的定义和在战略性新兴产业中的应用案例。针对战略性新兴产业来说，常见的补助的方式是财政拨款，因此在本书讨论税收优惠与政府补贴如何选择时所指的政府补贴即表示财政拨款。有学者将公共政策按其影响企业创新活动的方式划分为供给政策、需求政策、环境政策和市场结构政策四类，其中将财政补贴归为供给政策，实际上，不同类型的财政补贴对创新资源分配和刺激创新需求方面都有不同的影响。

表 3-1　政府补贴方式分类

补贴类型	定义	应用举例
财政拨款	政府为了支持企业而无偿拨付的款项，通常明确规定资金用途	2014 年 8 月中央财政下达战略性新兴产业发展专项资金 20 亿元
财政贴息	政府为支持特定领域或区域的发展，根据国家宏观经济形势和政策目标，对承贷企业的银行贷款利息给予的补贴	2011 年 6 月财政部发布了修订后的《基本建设贷款中央财政贴息资金管理办法》，重点贴息支持战略性新兴产业高新区
税收返还	政府按照国家有关规定采取先征后返（退），即征即退等办法向企业返还的税款，是一种以税收优惠的形式给予的政府补助	江苏武进对年上缴营业税和所得税总额在 10 万元以上（含 10 万元）的新办新兴服务业企业全额奖励营业税和所得税区财政留成部分
无偿划拨非货币性资产	无偿划拨土地使用权、天然起源的天然林等	广东禅城为都市型战略性新兴产业建设流转集体建设用地使用权的，农村集体建设用地使用权流转基础设施配套费先征收再返还

资料来源：根据财政部等网站公告整理。

（二）政府补贴方式对比研究

目前，对于政府补贴方式的研究大致可以分为以下四个方面：

第一，对补贴工具的研究。对于财政拨款、财政贴息、税收返还三种补贴方式的效果分析的文献很多。Guellec 和 De La Potterie（1997）研究了政府的 R&D 拨款资助和企业 R&D 投入之间的关系。Cordes（1989）分析了税收鼓励的效果。Heijs（2005）研究了西班牙参与低息贷款研发项目的企业特点。巫强和刘蓓（2014）采用动态博弈模型分析了定额研发补贴与比率研发补贴对于战略性新兴产业创新投入的影响，并进行了实证检验，结果发现定额研发补贴不会促进企业增加研发投入，而比率研发补贴则可以促进原始创新。

第二，对补贴时间的研究。黄先海和谢璐（2007）及陈莞和谢富纪（2009）等学者对事前补贴和事后补贴的效果的研究结果趋于一致：与事前补贴相比，事后补贴可以减轻逆向选择和道德风险问题，可以带来更多的社会福利。陈磊和张涛（2006）进一步构建了一个两时期四阶段模型，分析了政府在不同时期的承诺对企业研发的影响。

第三，对补贴对象的研究。Kesavayuth 和 Vasileios（2013）比较了双寡头的 R&D 补贴和产品补贴的各自福利效应，得出结论认为：从社会福利的角度来看，在溢出效应水平较低时，产品补贴优于 R&D 补贴；在溢出效应水平较高时，R&D 补贴优于产品补贴。

第四，对补贴速度的研究。Offerman 和 Veen（2014）通过实验室实验的方法研究了人们对于政府补贴速度的反应，检验了人们是否会对一次性的快速的补贴做出反应而对多次渐进的补贴反应较弱。研究表明，在补贴程度在中等时，补贴速度对人们影响差异不大；但是，当补贴程度较高时，补贴速度对人们的决策有影响，一次性的快速补贴会将会使人们供给公共品提高27%。同时，该研究否定了“条件合作者假说”和“缺乏注意假说”对于“温水煮青蛙效应”的解释，但是没有否定“锚定效应假说”。虽然该研究针对的是补贴促进公共品提供的效应，但对于政府如何选择补贴方式以促进企业创新具有启发意义。是采用一次到位性补贴还是渐进式补贴要依据现有补贴程度来确定。政府有时候会突然出台补贴政策。比如，在2009年，中国政府宣布对光伏电板进行补贴，每瓦补贴20元，占到了安装光伏电板成本的一半。这种情形下就要考虑原有的补贴程度。

二、面向企业和面向产品补贴对企业创新的影响

补贴方式中比较常见的是面向企业的研发补贴和面向产品的价格补贴。本书在纵向差异化 Hotelling 模型的基础上，通过建立三阶段的博弈模型，分别考察了研发补贴与产品补贴两种不同的补贴方式对于研发竞争格局的影响。结果表明，研发补贴不会影响竞争企业间市场份额，可以促进两者增加研发投入；产品补贴对企业的市场份额有影响，对于尖端技术的促进作用不大，但可以提高传统产业的技术水平；产品补贴率越高，对质量定位较低的企业的拓展市场份额越有利。因此，政府在制定补贴政策时需考虑两者的不同影响，加强政府补贴的针对性。

（一）问题提出与文献述评

1. 问题提出

根据财政部、科技部等公布的信息，对于战略性新兴产业的财政拨款补贴又可分为两种方式：面向企业的补贴和面向产品的补贴。这里的两种划分可能不太严格，面向企业和项目的补贴主要是针对企业本身有些要求，比如申报新能源汽车产业技术创新工程项目的企业近两年研发投入占主营业务收入不低于3%，由于这种补贴旨在促进研发创新，我们称之为研发补贴。面向产品的补贴主要是针对消费者接受的产品，对企业本身不做要求，如消费者购买新能源汽车时，政府补贴并不是直接发放到消费者手中，而是给予了汽车生产企业，其以扣除补助后的价格销售每辆汽车，我们称之为产品补贴。简单说，就是前者是指选取针对企业和项目的补贴，后者指针对产品价格进行补贴。在战略性新兴产业中这两种补贴方式

都比较常见：在新能源产业，补贴标准是根据光伏产品市场价格变化等情况核定的，对光伏产品采用的是产品补贴；[①] 在节能环保产业，对符合秸秆能源化利用企业、清洁生产企业进行研发补贴；[②] 在高端装备制造业，对智能制造装备企业进行研发补贴；新能源汽车，研发补贴与产品补贴并存。[③]

战略性新兴产业的竞争格局属于混合型的市场，战略性新兴产业与传统产业共存。发展战略性新兴产业并不意味着完全放弃传统产业。传统产业与新兴产业之间并不是完全替代的，即使在工业化发达国家，其传统产业对经济增长的贡献率仍远高于新兴产业。高新技术的发展和推广并不意味着对传统产业的完全摒弃，而是通过新兴技术的发展为传统产业注入新的活力，提高其成长性和竞争力。战略性新兴产业的核心特征在于创新驱动以及对传统产业优化升级的牵引和带动作用。战略性新兴产业发展需要传统产业的支持，传统产业的升级需要战略性新兴产业带动，两者之间的协同发展更有效率。

战略性新兴产业与传统产业在技术创新方面存在关联。战略性新兴产业与传统产业之间的技术耦合，一方面表现为战略性新兴产业中的高新技术向传统产业扩散、渗透的过程；另一方面表现为传统产业在传统技术上对战略性新兴产业的支撑。战略性新兴产业与传统产业存在通用的技术，大多数战略性新兴产业依赖传统技术，只有少数战略性新兴产业技术环节上选择技术跨越，直接发展具有自主知识产权的高端产品。如新能源汽车区别于传统汽车的最大特点是动力系统有改动，其余的技术大都来自传统汽车技术。以混合动力汽车为例，其整车电控系统和内燃机动力系统均来

---

① 资料来源：http：//jjs. mof. gov. cn/zhengwuxinxi/tongzhigonggao/201201/t20120104_ 621113. html.

② 资料来源：http：//www. gov. cn/zwgk/2012 －03/14/content_ 2091815. htm.

③ 资料来源：http：//www. gov. cn/zwgk/2012 －10/18/content_ 2246479. htm.

自传统汽车技术。再如，高端装备制造业的产业链很长，涉及材料、信息技术的控制系统、高精度的加工等等，横跨传统产业与新兴产业两个领域，一个普通的数控机床的数控系统和自述系统，就要求使用高精度的芯片以及其他的电器元件，但目前有些零部件传统工艺达不到精度要求。因此，高端装备制造业有对传统工艺技术创新的需求。由于存在技术创新方面的关联，战略性新兴产业与传统产业在通用技术方面不可避免地存在竞争。但目前对新兴产业与传统产业之间的不对称竞争的研究文献还比较少。

战略性新兴产业在被引入并确立后，不同的补贴方式对竞争格局会造成何种影响？研发补贴和产品补贴是否会影响竞争企业的市场份额？对于研发的激励作用如何？战略性新兴产业如何定位？研究上述问题可以弥补中国在战略性新兴产业补贴方式分析方面的不足，实现运用不同的补贴方式对战略性新兴产业发展的助推，具有非常重要的现实意义。目前对这些问题的研究大多是从战略高度提出，缺乏具体微观的研究。本书试图运用博弈论方法，通过建立纵向差异化产品模型，分析传统产业在与新兴产业研发竞争中的策略选择，着重考察了不同补贴方式对企业的市场份额、研发投入和质量定位三个方面的影响。

2. 文献述评

作为国家产业扶持政策，为了促进国内企业自主创新和升级，出台政策给予资金扶持有其合理性。很多国家的产业政策中财政补贴政策都占据重要地位。比如日本，其战后实体经济的快速腾飞，财政补贴起到了重要作用。政府对企业研发进行补贴是世界各国的普遍做法。Kang（2006）对比了知识产权保护和研发补贴对于纠正外部性的效果，得出结论认为，采取弱知识产权保护，进行研发补贴的方式更好。郭晓丹、何文韬（2011）认为，政府补贴一方面可以弥补由于外部性造成的研发不足，另一方面可向市场传递“光环”信号吸引投资者，从而提高企业创新的积极性。唐清泉、罗党论（2007）研究表明，政府补贴有助于上市公司社会效益的发挥。白俊红（2011）认为，中国政府的 R&D 资助显著地促进了企业的技术创新。

战略性新兴产业的竞争格局属于混合型的市场，战略性新兴产业与传统产业共存。研究战略性新兴产业的竞争格局离不开对两者关系的研究。新兴产业与传统产业之间的关系有不少学者做过研究。熊勇清、李世才（2010）指出，发达国家的新兴产业是在传统产业相对成熟的背景下提出来的，新兴产业与传统产业融合较好，能够相互促进。但中国是在传统产业发展不充分的背景下提出来的，因而有发展战略性新兴产业与促进传统产业升级的双重任务。更进一步地，熊勇清、李世才（2011）指出，中国目前面临传统产业改造升级高峰和战略性新兴产业培育高峰同时出现的“双峰逼近效应”，认为战略性新兴产业和传统产业应该“双轮驱动、良性互动”。吴少平（2004）认为，不应将新兴产业和传统产业对立起来，应该是包括传统产业和新兴产业在内的系统化、整体性的结构调整、资源优化和产业升级。

学者对于新兴产业 R&D 竞争的研究主要集中在两个方面：一方面是新兴产业与国外企业之间的研发竞争问题。如余道先、刘海云（2007）具体描述了战略性 R&D 投入模型，并对日本半导体产业发展进行了典型实证分析；另一方面是新兴产业内部的企业之间的研发竞争问题。如黄幸婷、杨煜（2010）提出了核心技术联盟内知识创造的过程理论模型，表明了核心技术联盟知识创造模型的适用条件和核心企业的作用。目前，对于战略性新兴产业与传统产业之间竞争格局的分析较为匮乏。而这两者之间是一种不对称的竞争。在不对称竞争方面，Symeonidis（2003）比较了在差异化双寡头竞争市场中具有替代性的产品研发的伯川德均衡和古诺均衡的差异，分析了在不同情形下产量竞争和价格竞争哪个对消费者和厂商更有利。Sääskilahti（2006）研究了两个竞争厂商在具有网络外部性的情形下的研发投资策略，比较了质量对称和质量不对称的两种情况，认为在溢出率或网络兼容性提高是低质量的企业会增加研发投入并降低价格。邓光军和曾勇（2011）通过建立创新成本与产品质量两个维度都不对称的两家企业的竞争投资选择模型，剖析了企业研发创新投资策略选择，重点考察了竞争双方先后投资的时间间隔问题。

通过对文献的梳理，我们发现目前有两个方面的研究尚不成熟。一是针对研发补贴和产品补贴这两种不同补贴方式对企业竞争的影响。虽然 Kesavayuth 和 Vasileios（2013）研究了研发补贴和产品补贴两种方式对于社会福利的不同影响，但是对竞争的影响该文并未涉及。Laincz（2005）研究了研发补贴对于市场结构的影响，但是没有考虑产品补贴的情形。二是战略性新兴产业与传统产业之间的不对称竞争格局。由于战略性新兴产业是在传统产业的基础上提出来的，因此，这两者之间的竞争不可忽视，而目前的文献局限于新兴产业与国外企业及其内部之间的竞争。

本章试图运用纵向差异化 Hotelling 模型来刻画战略性新兴产业与传统产业之间的不对称竞争，通过建立三阶段的博弈模型，将研发补贴方式和产品补贴方式的不同体现在模型的设定中，然后分别考察研发补贴与产品补贴两种不同的补贴方式对于企业的市场份额、研发投入及定位策略的影响，从而弥补了上述两方面研究的不足，为政府制定战略性新兴产业补贴政策提供一定的借鉴。

（二）Hotelling 模型框架与假设

战略性新兴产业与传统产业之间的研发竞争不再是传统意义上的两个

横向差异化的厂商之间的竞争，而是纵向差异的竞争。简单地说，横向产品差异是指如果产品以相同的价格出售，不同的消费者会选择不同的理想产品；纵向产品差异是指所有消费者都对其有相同的倾向排序。比如新一代信息技术产业，体积小但是功能更强大的处理器比体积大但是功能较小的处理器好。① 这里，我们选取产品的纵向差异来比拟新兴产业与传统产业的区别。

假设有两个生产同类产品的企业 A 和 B，其中 A 企业生产技术含量较低的产品，B 企业生产技术含量较高的产品。这里的技术含量是广义的概念，可以理解为在价格相同的情况下，所有消费者购买 B 产品的效用均高于 A 产品。这一假设在现实中是可以成立的，比如，A 生产传统动力汽车，B 生产新能源汽车。新能源汽车意味着先进的动力系统，可以节省燃料费用。另外，消费者对新产品有较好的心理预期，在新能源汽车与传统动力汽车的价格相同时，消费者更乐于购买新能源汽车。借用修正的 Hotelling 纵向差异模型作为分析的基础。

1. 关于消费者的假设

消费者的理想产品位于区间［0，1］上的点 1，消费者在区间［0，1］上均匀地分布，并且假设消费者总是从企业 A 或企业 B 购买一单位的产品。企业 A 和 B 分别位于离原点 a 和 b 位置，其中 $0\leqslant a\leqslant b\leqslant 1$，如图 3 -1 所示。

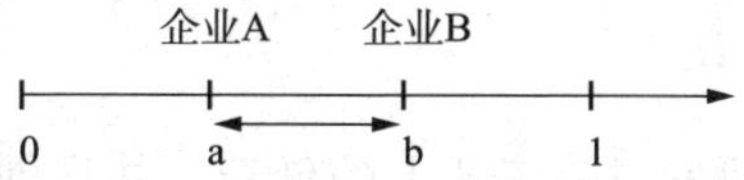

图 3 -1　修正的 Hotelling 模型中的纵向差异

① 这里只是说前者比后者的总效用高，但是消费者最终选择两者都有可能，因为购买哪款产品不只考虑带来的总效用，还要考虑收入、价格、维修保养等其他因素。

位于点 $x(x\in[0,1])$ 且购买企业 $i(i=A,B)$ 的产品的消费者效用可定义为：

$$U_x(i)\equiv\begin{cases}ax-p_A & i=A\\ bx-p_B & i=B\end{cases}\tag{3-1}$$

其中，p_A 和 p_B 分别为消费者面对产品 A 和 B 需要支付的价格。按照纵向差异化假设，若 $p_A<p_B$，则 $U_x(A)<U_x(B)$，意味着消费者不会购买 A 企业的产品。显然 A 企业不会采取高于 B 企业定价的策略，即 $p_A<p_B$。在实际中也比较好理解，传统企业正是由于价格上的优势，才使得一部分消费者在质量和价格的综合权衡之后选择传统企业的产品。

设 θ 代表一个从企业 A 或企业 B 购买产品无差异的消费者。假设存在这样一个消费者，消费者 s 位于两个企业之间，即 $a\leqslant\theta\leqslant b$，无差异消费者的位置由下式决定：

$$U_\theta(A)=a\theta-p_A=b\theta-p_B=U_\theta(B)\tag{3-2}$$

该式的含义是消费者 s 从企业 A 购买产品获得的效用与从企业 B 购买获得的效用相等。由此可得到从企业 A 购买的消费者数量为 θ，而从企业 B 购买的消费者数量为 $(1-\theta)$。即：

$$\theta=\frac{p_B-p_A}{b-a}\text{和}\ 1-\theta=1-\frac{p_B-p_A}{b-a}\tag{3-3}$$

2. 关于企业的假设

假设企业进行的研发只是工艺上的创新，并且创新对于传统产业和战略性新兴产业是通用的。也就说，假设研发只会节约单位成本，并不会改变产品的性质，研发成果表现为成本的降低。以 x_i 表示企业 i 承担的研发量 $(i=A,B)$，并以 $c_i(x_A,x_B)$ 表示企业 i 的单位生产成本。为了更好地刻画竞争企业双方的创新外溢效应，通常将成本函数 $c_i(x_A,x_B)$ 设定为两个企业承担研发量的函数。令：

$$c_i(x_A, x_B) \equiv c - x_i - \beta x_j \quad i \neq j, \ i = A, B \tag{3-4}$$

其中，$c(c>0)$ 表示企业未进行研发时的初始单位成本；β 表示企业间的知识溢出率，用来衡量企业 j 的研发水平对企业 i 的单位成本的影响，$0<\beta\leqslant 1$ 即研发表现出正向溢出效应。这里暗含的假设是企业 A 和 B 未进行研发时的初始单位成本相同，企业 A 与 B 具有对称的知识溢出率和完全的消化吸收能力。当然，在实际中，这些假设是比较严苛的，这里我们暂不考虑这些因素。

依照研发规模收益递减规律，研发成本随着研发量的增大而增加。一般而言，假设 $TC_i(x_i) = \frac{\gamma(x_i)^2}{2}$，$\gamma(\gamma>0)$ 反映企业的研发效率。为计算简便，本书假定企业研发效率为 1，不会对本书推导结果有实质性影响。① 可设为：

$$TC_i(x_i) = \frac{(x_i)^2}{2} \tag{3-5}$$

3. 关于政府补贴方式的假设

政府部门对于企业研发有两种补贴方式：

一种是对研发进行补贴，假设研发补贴率为 s，则企业受到的补贴为：

$$S(x_i) = sx_i \tag{3-6}$$

另一种补贴方式为对产品进行补贴：假设产品补贴率为 t，则企业受到的补贴为：

$$T(p_i) = tp_i \tag{3-7}$$

① 采用此处理方法的文献如 Sääskilahti（2006）。

（三）两种情形下的博弈过程

1. 在研发补贴情形下的博弈过程

企业 A 和 B 的目标函数为：

$$\max\pi_A = \theta(p_A - c_A) - TC_A + S_A$$

$$= \frac{p_B - p_A}{b-a}(p_A - c + x_A + \beta x_B) - \frac{(x_A)^2}{2} + sx_A \quad (3-8)$$

$$\max\pi_B = (1-\theta)(p_B - c_B) - TC_B + S_B$$

$$= (1 - \frac{p_B - p_A}{b-a})(p_B - c + x_B + \beta x_A) - \frac{(x_B)^2}{2} + sx_B \quad (3-9)$$

定义一个三阶段博弈，企业 A、B 在第 1 期选择产品的质量水平，第 2 期决定研发投入水平，第 3 期进行价格竞争。我们采用逆向分析方法来求解问题的均衡。

第 3 期进行价格竞争。由一阶条件①$\frac{\partial \pi_A}{\partial p_A}=0$ 和$\frac{\partial \pi_B}{\partial p_B}=0$，可得：

$$p_A = \frac{1}{3}[b - a - (2+\beta)x_A - (1+2\beta)x_B] + c \quad (3-10)$$

$$p_B = \frac{1}{3}[2(b-a) - (1+2\beta)x_A - (2+\beta)x_B] + c \quad (3-11)$$

从而：

$$\theta = \frac{(b-a) + (1-\beta)(x_A - x_B)}{3(b-a)} \quad (3-12)$$

$$\pi_A = \frac{[(b-a) + (1-\beta)(x_A - x_B)]}{9(b-a)} - \frac{(x_A)^2}{2} \quad (3-13)$$

$$\pi_B = \frac{[2(b-a) - (1-\beta)(x_A - x_B)]^2}{9(b-a)} - \frac{(x_B)^2}{2} \quad (3-14)$$

---

① 其二阶条件$\frac{\partial^2 \pi_i}{\partial p_i^2} = -\frac{2}{b-a} < 0$，即 $b > a$，前述假设条件即可满足。

第 2 期进行研发竞争。由一阶条件$\frac{\partial \pi_A}{\partial x_A}=0$和$\frac{\partial \pi_B}{\partial x_B}=0$，可得：

$$x_A=\frac{2(1-\beta)[2(1-\beta)^2-3(b-a)]}{3[4(1-\beta)^2(1-t)-9(b-a)]}+s \tag{3-15}$$

$$x_B=\frac{4(1-\beta)[(1-\beta)^2-3(b-a)]}{3\ [4(1-\beta)^2(1-t)-9(b-a)]}+s \tag{3-16}$$

其中，$\frac{2}{9}(1-\beta)^2<b-a\leqslant\frac{1}{3}(1-\beta)^2$和$b-a>\frac{2}{3}(1-\beta)^2$。这是由于以下两个条件决定的：

①由二阶条件$\frac{\partial^2\pi_i}{\partial x_i^2}=\frac{2(1-\beta)^2-9(b-a)}{9(b-a)}<0$须假设$b-a>\frac{2}{9}(1-\beta)^2$；

②由$x_A\geqslant0$，$x_B\geqslant0$须假设$b-a\leqslant\frac{1}{3}(1-\beta)^2$或$b-a>\frac{2}{3}(1-\beta)^2$。

第 1 期进行技术定位。由以上公式可知：

$$\frac{\partial \pi_A}{\partial a}<0 \text{ 和 } \frac{\partial \pi_B}{\partial b}>0 \tag{3-17}$$

根据上式，我们可以发现即使是企业之间进行工艺创新的研发竞争，“最大差异化”原则依旧成立，① 即企业 A 将选择生产尽可能低质量的产品，并处于$a=0$，而企业 B 将选择尽可能高质量的产品，并处于$b=1$。

2. 在产品补贴情形下的博弈过程

在产品补贴的情形下，企业出厂价格$\overline{p_i}$和消费者最终面对的价格p_i不同，消费者依据p_i选择产品的消费量，而厂商单位产品的收益受$\overline{p_i}$影响。

$$\overline{p_i}=\frac{p_i}{1-t} \tag{3-18}$$

---

① Shaked 和 Sutton（1982）将质量特征引入修正 Hotelling 模型形成纵向差异模型 。在一个纵向质量差异模型中，每个企业会选择生产与竞争对手的产品有最大差异的产品，即适用“最大差异化原则”。原因在于企业专门生产适用某一特定消费群体所需质量的产品，最大差异可提高对目标消费群体的市场势力。

企业 A 和 B 的目标函数为：

$$\max\pi_A = \theta(\overline{p_A} - c_A) - TC_A$$

$$= \frac{p_B - p_A}{b-a}\left(\frac{p_A}{1-t} - c + x_A + \beta x_B\right) - \frac{(x_A)^2}{2} \tag{3-19}$$

$$\max\pi_B = (1-\theta)(\overline{p_B} - c_B) - TC_B$$

$$= \left(1 - \frac{p_B - p_A}{b-a}\right)\left(\frac{p_B}{1-t} - c + x_B + \beta x_A\right) - \frac{(x_B)^2}{2} \tag{3-20}$$

沿用前面的分析方法，定义一个三阶段博弈，企业 A、B 在第 1 期选择产品的质量水平，第 2 期决定研发投入水平，第 3 期进行价格竞争。我们采用逆向分析方法来求解问题的均衡。

第 3 期进行价格竞争。由一阶条件$\frac{\partial \pi_A}{\partial p_A}=0$和$\frac{\partial \pi_B}{\partial p_B}=0$可得：

$$p_A = \frac{1-t}{3}\left[3c - (2+\beta)x_A - (1+2\beta)x_B\right] + \frac{b-a}{3} \tag{3-21}$$

$$p_B = \frac{1-t}{3}\left[3c - (1+2\beta)x_A - (2+\beta)x_B\right] + \frac{2(b-a)}{3} \tag{3-22}$$

从而可以得出：

$$\theta = \frac{(b-a) + (1-t)(1-\beta)(x_A - x_B)}{3(b-a)} \tag{3-23}$$

$$\pi_A = \frac{\left[(b-a) + (1-t)(1-\beta)(x_A - x_B)\right]^2}{9(b-a)(1-t)} - \frac{(x_A)^2}{2} \tag{3-24}$$

$$\pi_B = \frac{\left[2(b-a) - (1-t)(1-\beta)(x_A - x_B)\right]^2}{9(b-a)(1-t)} - \frac{(x_B)^2}{2} \tag{3-25}$$

第 2 期进行研发竞争。由一阶条件$\frac{\partial \pi_A}{\partial x_A}=0$和$\frac{\partial \pi_B}{\partial x_B}=0$可得：

$$x_A = \frac{2(1-\beta)\left[2(1-\beta)^2(1-t) - 3(b-a)\right]}{3\left[4(1-\beta)^2(1-t) - 9(b-a)\right]} \tag{3-26}$$

$$x_B = \frac{4(1-\beta)\left[(1-\beta)^2(1-t) - 3(b-a)\right]}{3\left[4(1-\beta)^2(1-t) - 9(b-a)\right]} \tag{3-27}$$

其中，$\frac{2}{9}(1-t)(1-\beta)^2 < b-a \leqslant \frac{1}{3}(1-t)(1-\beta)^2$ 或 $b-a > \frac{2}{3}(1-t)(1-\beta)^2$

第 1 期进行技术定位。可知：

$$\frac{\partial \pi_A}{\partial a} < 0 \text{ 和 } \frac{\partial \pi_B}{\partial b} > 0 \qquad (3-28)$$

根据上式，我们可以发现即使是企业之间进行工艺创新的研发竞争，“最大差异化”原则依旧成立，即企业 A 将选择生产尽可能低质量的产品，并处于 $a=0$，而企业 B 将选择尽可能高质量的产品，并处于 $b=1$。

（四）两种方式的比较与分析

1. 对市场份额的影响

命题 1：研发补贴的增加不会对企业的市场份额造成直接影响，只会增加双方的利润；产品补贴会影响企业的市场份额，并且随着产品补贴率的增加，传统产业会享受到产品补贴带来的好处，市场份额会增加，战略性新兴产业却因此会丧失部分市场份额。

证明：先看研发补贴，由式（3-15）、（3-16）可以得出（$x_A - x_B$）与 s 无关，从而可知企业的市场份额 θ 不受研发补贴率 s 的影响。由

$$\frac{\partial \pi_A}{\partial s} = x_A \geqslant 0 \text{ 和 } \frac{\partial \pi_B}{\partial s} = x_B \geqslant 0 \qquad (3-29)$$

显然知，研发补贴的增加可增加竞争双方的利润。

再看产品补贴率对市场份额的影响：

$$\frac{\partial \theta}{\partial t} = \frac{6(1-\beta)^2(b-a)}{[4(1-\beta)^2 - 9(b-a)]^2} \geqslant 0 \qquad (3-30)$$

这表明随着产品补贴率的增加，企业 A 的市场份额会增加，显然此时

企业 B 的市场份额会减少。也就是说，随着产品补贴率的增加，传统产业会享受到产品补贴带来的好处，市场份额会增加，战略性新兴产业却因此会丧失部分市场份额。从市场份额的角度来讲，传统产业会从产品补贴率的增加中获得更大的市场份额。或者从另一个角度来讲，知名度低的小企业会享受产品补贴带来的好处，市场份额会增加，知名度高的大企业却因此会丧失部分市场份额。战略性新兴产业中知名度低的小企业会从产品补贴率的增加中获得更大的市场份额。

2. 对研发投入的影响

命题 2：研发补贴增加会促进两类企业加大研发投入；产品补贴率的提高对于不同的企业影响不同：产品补贴率的提高会提高传统产业的研发投入，同时会降低战略性新兴产业的研发投入。

证明：对于研发补贴，从式（3－15）、（3－16），我们可以看出：$\frac{\partial x_A}{\partial s}>0$，$\frac{\partial x_B}{\partial s}>0$，研发补贴会对企业的研发投入起到促进作用，政府研发补贴率越高，研发支出越多。

对于生产低质量产品的 A 企业来说，

$$\frac{\partial x_A}{\partial t}=\frac{4(1-\beta)^3(b-a)}{[4(1-\beta)^2-9(b-a)]^2} \tag{3-31}$$

$\frac{\partial x_A}{\partial t}\geqslant 0$ 总是成立。

对于生产高质量产品的 B 企业来说，

$$\frac{\partial x_B}{\partial t}=-\frac{4(1-\beta)^3(b-a)}{[4(1-\beta)^2-9(b-a)]^2} \tag{3-32}$$

$\frac{\partial x_B}{\partial t}<0$ 总是成立。

上述结果表明，对于传统企业来说，产品补贴率的提高会提高其研发积极性；对于战略性新兴产业企业，产品补贴率的提高会降低其研发积极性。产品补贴会对战略性新兴产业中的企业间的竞争格局造成显著的影响，可以看出产品补贴对于尖端技术的促进作用不大，但可以提高传统产业的技术水平。

3. 关于质量定位的分析

命题3：不论采用产品补贴还是研发补贴的方式，两个企业的技术定位都适用“最大差异化”原则。

证明：自 Hotelling（1929）提出“最小差异化”的定位策略后，企业定位策略的研究取得了很大的发展。D'A spremont 等（1979）将 Hotelling 模型中线性交通成本改为二次交通成本，得出了“最大差异化”的结论，此后开始了“最小差异化原则”与“最大差异化原则”的争论。通过对交通成本、城市形状、产品差异、厂商数量、消费者差异、需求弹性等进行不同假设，企业的定位策略会有差异。在这些假设下，企业会对相互靠近获取更多消费者的“引力效应”和接近之后竞争加剧的“斥力效应”进行权衡，因而导致企业进行“最小差异化”或“最大差异化”的均衡结果。本书研究发现，不论采用产品补贴还是研发补贴的方式，两企业的技术定位都适用“最大差异化”原则。实际上，观察定位对于企业市场份额的影响，我们会发现：

$$\frac{\partial \pi_A}{\partial a} < 0 \text{ 和} \frac{\partial \pi_B}{\partial b} > 0 \tag{3-33}$$

也就是说，a 越大，θ 越小；b 越大，θ 越大。即企业 A 生产产品的质量提升，企业 A 的市场份额反而会下降。企业 B 生产产品的质量提升，企业 A 的市场份额会增加。这对于传统产业与新兴产业来说，给我们的启示是新兴产业被引进确立后，传统产业不会因为存在补贴就一哄而上，跟随生产高质量产品，而是定位于提供低质量的产品以此来避免剧烈竞争所造成的利润损失。当然，这一结论是建立在企业的研发只会改变企业的单位生产成本，属于工艺创新的研发的假设的基础上。这与我们了解到的现实情况相符合，不论政府部门采用研发补贴还是产品补贴，知名度较小质量定位较低的企业不会盲目放弃自己的成熟产品而片面地追求高技术企业，知名度较小的企业的技术定位基本不会发生较大程度的转变。这也从另一个侧面印证了突破式的产品创新对于产业升级的重要性，因为对于单纯的降低单位成本的工艺创新来说，政府补贴政策对其来说是无效的。

三、政府补贴方式相机抉择：以企业创新效果为依据

政府补贴方式存在多样选择，如何依据实际情形进行补贴成为政府面临的难题。本部分以对企业创新的激励效果为依据，尝试给出简单的选择方法。当然，政府的政策菜单不只政府补贴，目标也不仅仅是促进企业创新，但作为政府补贴方式研究最具实践价值的部分，该部分的讨论是非常有必要的。

（一）税收优惠与政府补贴的选择

税收优惠是以市场导向的激励政策，依赖市场力量分配对产业发展和研发创新的支持资金。与直接的政府补贴相比，优点体现在三个方面：一是可以使企业在研发投资前预期能获得的政府支持，便于企业对于投资战略进行更为准确的规划；二是能够有效降低道德风险问题，因为企业为了获得税收优惠会对研发成功有更高的要求；三是对政府部门而言较低的管理成本便于监督和管理。正是因为这些优点，税收优惠逐渐成为政府促进企业研发政策最常用的工具，而政府补贴被应用得越来越少。当然，税收优惠也存在一些问题。比如，税收优惠较少关注研发创新的质量和实际社会收益。再如，对创新企业存在着可能的歧视行为，一些企业虽然进行了社会收益较大的创新，但无法达到足够的税收利润就不能获取税收优惠。

这有悖于政策设定的初衷。直接补贴也有税收优惠不能实现的作用：一是直接补贴对于解决私人收益与社会收益有差额造成的失灵问题，更有针对性；二是可以在企业研发项目实施的初期，帮助企业应对巨额的启动资金，激励未创新的企业进入研发领域，而不是仅仅鼓励那些已经实施研发项目的企业；三是更具有灵活性，税收优惠为了维持税收的透明性和稳定性，不能对新问题、新形势做出适应性变化，缺乏灵活性。

如前面政府补贴效果不确定性时所讨论的那样，从补贴方式上来讲，政府补贴的效果不优于税收优惠政策。不少实证研究文献对这两者做出了对比。Hall 和 Van Reenen（2000）系统梳理了 R&D 财政激励效应的实证文献，考察了在 OECD 国家税收系统对于研发成本的作用。认为一美元的研发税收优惠会刺激产生一美元的额外研发行为。R&D 的税收处理越来越宽松，政府倾向于越来越多采用税收政策而不是直接补贴的方式来促进企业研发创新。陈林和朱卫平（2008）提出，对比创新补贴政策与出口退税政策，前者的有效性存在不确定性，而后者的创新激励效应更为明显和高效。减免税能有效刺激企业增加研发投入，对研发人员投入增加也总体显著（李林木、郭存芝，2014）。朱平芳和徐伟民（2003）通过对上海市的科技激励政策的实证研究表明，税收优惠比直接补贴见效时间快。这可能与税收优惠对各种类型 R&D 活动普惠性和资金落实速度快有关。

在实践过程中，政府对于研发的支持应该采用多种工具相配合，因为任何一项工具都不能提供全面的多方位的激励。税收优惠能够增加了研发增量，而更多的政府补贴能够刺激大量的研发投资。一般来讲，单独的、不成体系的研发政策的效果会大打折扣。但在使用多个政策工具的过程中，不同政策工具之间的相互作用也需要注意。比如，有研究表明，增加政府直接补贴会降低税收激励的有效性，两者呈现为互相替代的关系；而政府直接补贴和公共机构的研发呈现为互相加强的关系，因为企业自身研发投资越多越能够利用公共机构产生的知识（Guellec 和 Van Pottelsberghe，2000），并且这种相互关系并不是固定的。在产业发展的初期，企业进行研发的资金比较匮乏，政府补贴和税收优惠可以相互促进，互为补充（朱平芳，2003）。但是当产业发展进入成熟期后，政府补贴与税收优惠就互为替代了。这就需要各级政府部门之间在设计和制定研发政策时密切跟踪产业发展情况，了解企业的资金需求状况，紧密合作，相互协调。

（二）事前补贴与事后补贴的选择

事前补贴和事后补贴基本取得了共识，事后补贴的效果要优于事前补贴，会计制度在进行核算时也体现了这一思路，税收优惠也是先征后返。但是有时政策的实施却存在问题。光伏产业扶持政策“金太阳示范工程”四年间耗资 200 多亿元，却未能实现预期的效果，反而造成了大量“跑项目、骗补贴”的现象，事前补贴的制度设计缺陷、政府部门审批权力过大、缺乏后期监管措施等难辞其咎。

尽管有研究认为事前补贴福利较大，比如 Neary（1994）比较了生产补贴和技术补贴两种政策，并且考虑了事前博弈和事后博弈两种模式，研究结论认为两种补贴在事前和事后博弈中的效果是相等的，事前的补贴比事后补贴的福利更大。但更多的研究显示，事前补贴的实施效果不如事后补贴。张兴龙等（2014）以医药上市公司为样本的实证研究发现，事前一次性补贴对企业研发投入影响不显著，而事后奖励式补贴效果显著。

（三）产品补贴与研发补贴的选择

本章运用纵向差异化 Hotelling 模型刻画了战略性新兴产业与传统产业之间的不对称竞争，通过建立三阶段的博弈模型，将研发补贴方式和产品补贴方式的不同体现在模型的设定中，然后分别考察研发补贴与产品补贴两种不同的补贴方式对于企业的市场份额、研发投入及定位策略的影响。

我们得出了如下结论：第一，两种补贴方式对于市场份额具有不同影响。研发补贴的增加不会对企业的市场份额造成直接影响，只会增加双方的利润；产品补贴会影响企业的市场份额，并且随着产品补贴率的增加，传统产业会享受到产品补贴带来的好处，市场份额会增加，战略性新兴产业却因此会丧失部分市场份额。第二，两种补贴方式对于研发投入影响不同。研发补贴增加会促进两类企业加大研发投入；产品补贴率的提高对于不同的企业影响不同：产品补贴率的提高会增加传统产业的研发投入，同时会降低战略性新兴产业的研发投入。第三，不论采用产品补贴还是研发补贴的方式，对战略性新兴产业与传统企业的质量定位策略的影响没有显著差异，都适用“最大差异化”原则，即在战略性新兴产业确定其产品定位时，其生产的产品质量尽可能高于传统产业的产品质量。

因此，产品补贴和研发补贴对于战略性新兴产业竞争格局的影响不同，选择不同的补贴方式可以起到不同的作用，这对政府部门的规制行为提供了相机抉择的手段。例如，对于原本竞争就非常激烈的产业，各个企业之间势均力敌，政府部门可以采用研发补贴来促进企业的研发，这样不会损害企业之间的市场份额，从而最小程度地影响企业之间的正常市场竞争；对于少数龙头企业几家独大，其余企业相对弱小，产业发展不均衡的情形下，可以采用产品补贴来促进研发，营造完全市场竞争的环境。本书的结论对于当前关于战略性新兴产业补贴错位的讨论有所启示。

当然，文中还有诸多不足，需要做进一步的研究，这也是下一步的研究方向。文中假设条件有些比较苛刻，如只是研究战略性新兴产业通用的工艺创新，实际中更多可能出现的是产品创新；战略性新兴产业独立的两个企业，现实中可能是一个企业同时生产传统产品和新兴产品等等。提供以下两种思路作为可能的研究拓展（可能会得到有意义的结论，但考虑的因素越多，模型求解的难度会更大）：首先，既然假定技术在传统产业与新兴产业之间可以通用，那么就存在两个企业进行合作研发的可能，这样补贴方式对于两者的影响就更为复杂。其次，文中分析这两种补贴方式的是互斥的，只能采取一种补贴方式，而在现实中可能同时运用两种补贴方式，这样势必造成分析结论在实际运用中的局限，可以考虑两种方式组合的影响。

第四章

政府补贴对象选择偏好

政府对于战略性新兴产业进行了较大力度的补贴，旨在促进创新。在这个过程中，有两个核心问题需要关注：政府对于补贴对象的选择偏好以及这种偏好是否理性。本章基于这两个实际问题展开分析，政府补贴对象选择是更看重企业的背景（国有产权性质、有政治关联等），还是更看重企业的禀赋特点（企业规模、知识存量等）？重点关注国有产权偏好与企业规模偏好，并依据对企业创新的激励效果评价了偏好合理性。

一、政府补贴对象选择背景歧视的两个维度

（一）产权性质与政府补贴

关于政府补贴对象的选择偏好问题有诸多文献有所涉及。在政府补贴对象的选择上，一般认为政府补贴更偏好于国有企业。如安同良等（2009）认为，国有企业获得了绝大部分政府 R&D 补贴。邵敏和包群（2011）从获得补贴的概率和获补贴程度两个层面入手，在控制影响补贴对象决定的其他因素后，认为地方政府补贴行为显著地向国有企业倾斜，

而私营企业的获补贴概率和获补贴程度为其中最低者。

判断偏好的理性与否取决于选择后的激励效果，关于政府补贴对企业技术创新影响的研究已有大量的文献，主要集中在补贴对企业创新投入所产生的效应分析上。白俊红（2011）认为，政府 R&D 资助的国有产权偏好并不利于其激励效应的发挥。安同良等（2009）认为，国有企业 R&D 成果却远不及私营企业和外资企业。Folster（1995）讨论了不同合作形式下补贴对于合作和研发激励的影响。结果表明，补贴能够增加结果共享式的合作，但是减少了研发激励，对于不是结果共享式的合作不会增加合作，但增加了研发激励。Klette（2000）通过实证分析检验了研发补贴是否减少了市场失灵。Lee 和 Cin（2010）运用韩国数据的例子表明政府分担风险的补贴对于合作研发的影响，认为不存在可靠的证据表明政府补贴具有挤出效应。

然而，专门针对具体的产权性质这一补贴对象选择偏好因素及其该偏好合理性的分析研究比较匮乏，本章重点对这两个问题进行分析。在分析政府补贴国有产权偏好是否存在时，我们发现了有别于上述文献的结论。首先，描述性统计发现对于战略性新兴产业而言，虽然从绝对值上讲，国有企业获得了更多的补贴，但是从补贴占总资产的比值上讲，对民营企业补贴的相对程度更高。其次，利用中国战略性新兴产业 254 家上市公司 2007—2012 年的面板数据，基于 Blinder-Oaxaca 回归分解方法的实证检验中也发现，企业规模和创新能力等企业禀赋特征能够解释大部分（71.1%）的国有企业与非国有企业之间获取政府补贴均值差异，禀赋不能解释的部分仅占小部分（29.9%），表明国有产权偏好并不明显。在对偏好合理性评价中发现，在国有企业和民营企业之间，国有企业对于政府激励的反应更为灵敏，民营企业的决策较为谨慎；对中央国有企业和地方国有企业来说，地方国有企业对政府激励反应更灵敏。

对此我们给出可能的解释是国有企业和民营企业之间的差别是由于政府激励的导向效应造成的；中央国有企业与地方国有企业之间的差别是由于规模稀释效应造成的，即中央国有企业的规模优势大大地消减了政府补贴的效果。随后利用面板门槛模型进一步证实了企业规模会对政府补贴的效果造成重大影响，在规模达到一定水平后，企业规模越大，政府补贴效果越弱。

本书可能在以下几方面丰富了已有文献：首先，大多数的研究认为政府补贴的企业产权性质选择偏好是青睐于国有企业，本章通过事实描述统计和实证检验发现，战略性新兴产业政府补贴的国有产权偏好并不明显，反而是背后的企业规模偏好更值得关注。其次，从政府补助的效果上来看，对中央国有企业和地方国有企业两种可能的反应“导向效应”和“规模稀释效应”进行了检验，认为在战略性新兴产业中，中央国有企业的“规模稀释效应”占据了主导地位，而地方国有企业的“导向效应”比较显著。与此同时，战略性新兴产业中的民营企业对于政府补贴的反应较小。另外，由于战略性新兴产业的特殊性也决定了研究的意义。

研究结论的政策含义是比较直观的。目前，政府对于战略性新兴产业的补贴，民营企业得到了相对于其规模来说较高程度的补贴，而对地方国有企业的补贴对于促进研发的效果是比较显著的。换句话来说，仅从促进战略性新兴产业的技术创新投入的目标上来说，遵循促进民营企业发展的原则进行补贴并不符合现阶段培育战略性新兴产业发展的需要。[①] 政府补贴过程中的国有产权偏好并不重要，企业规模偏好才值得关注。加大对小

① 据《京华时报》报道，经济学家林毅夫认为“现在不少国企在国内、国际市场已具有竞争力，政府没有理由再给补贴”。林毅夫所言的“补贴”可能是出于促进国际贸易的目的而言的，本书研究的补贴主要是针对促进战略性新兴产业技术创新的目的而言的，从不同的目的出发得出不同的结论。

微企业的补贴力度可以有效促进战略性新兴产业技术创新投入。这一结论对于战略性产业有针对性地安排补贴政策、提升补贴效果、促进战略性新兴产业的技术创新具有指导意义。

（二）政治关联与政府补贴

企业积极建立政治关联不只是中国独有，是世界各国都普遍存在的现象（Faccio，2006）。对这种现象进行研究剖析的文献非常丰富。仅以国内文献为例，以“政治关联”为关键词在中国知网进行搜索，共有相关文献659 篇，时间跨度为 2001—2014 年。在 2008 年之前，仅有 13 篇文章，2009 年超过了之前年度总和，之后以成倍的速度增长，到 2013 年达到顶点，全年共有相关文章 194 篇。经济学类权威期刊《经济研究》《管理世界》分别刊载相关文献 11 篇和 8 篇。[①] 这充分表明了学界对于该问题的关切程度之深。

企业建立政治关联的动机可以分为两类：一类是企业为了保护自身权益获得不受干扰的外部环境干扰，可以称之为“自保动机”；另一类是企业为了从政府获取更多的稀缺资源，依赖政府获得额外的收益，可以称之为“寻租动机”。持“自保动机论”的研究认为，在制度落后的外部环境下，企业自身的各项权益难以得到有效保护，甚至面临着被侵占和攫取的尴尬境地，比如部分地方政府官员的吃拿卡要。这种现象也屡屡见诸报端。作为对市场、政府和法律发展不完善的适应性反应，企业建立政治关联可以帮助企业克服制度落后带来的障碍，是一种应对外部侵害的防御机制。潘洪波等（2008）研究发现，政府干预损害了盈利地方国有企业的并购绩效，与此同时，政治关联与并购绩效正相关。从而得出结论认为，政

① 检索日期：2015 年 1 月 14 日。

治关联可以保护企业免受政府侵害。而持“寻租动机论”的研究则认为，在金融、法律等正式制度尚不完善的背景下，政府控制大量企业发展所需要的稀缺资源，只专注于企业自身经营往往并不是企业的最佳策略，企业需要兼顾企业经营和获取外部资源两项任务（杨其静，2011）。建立政治关联往往是企业获取外部资源和发展机会的捷径，是一种进取型的投机机制。众多研究显示，建立政治关联会为企业带来丰厚的回报。比如，获取税收优惠、银行信贷等融资便利、降低进入政府管制行业的壁垒、获取有价值信息（如吴文锋等，2009；罗党论、刘晓龙，2009；杨其静，2011）。因此，政治关联在转型经济国家普遍存在，并且越是落后的国家和地区，企业凭借政治联系实施寻租的动机越强（Faccio，2006）。

在“寻租动机论”中，企业意图获取的稀缺资源中，政府补贴是其中的一种。政治关联对于企业多获取政府补贴具有显著的正向作用，这一点得到了很多研究的认可（陈冬华，2003；潘越等，2009；余明桂等，2010；郭剑花、杜兴强，2011）。在制度环境越差的区域，这种正向作用就越大。由于这种关系的存在，杨其静和杨继东（2010）认为，政府补贴是政治关联的一个较好的工具变量。

建立政治关联获取政府补贴的事实特征比较明确，但是这对于效率的影响还是存在疑问。如果政治关联意味着企业创新能力不够资格却能获取政府补贴，那么政治关联的这种作用通常对效率无益。如果政治关联意味着企业创新能力足够，只是减少了政府对于补贴对象选择的甄别成本，那么政治关联的作用就可能促进效率。前者被称为政治关联的寻租假设，后者被称为政治关联的效率假设。虽然有实证研究发现，政治关联显著抑制了企业的研发投资（杜兴强等，2012），但比较遗憾的是，由于企业自身禀赋的差异，企业的政治关联属性与企业创新能力这两者之间并不是一一对应的关系，这就增加了判断的难度。余明桂（2010）基于2002—2007

年的民营企业数据，验证了政治关联对企业多获取政府补贴具有显著作用；并且检验了该类财政补贴对企业效益和社会效益的影响，依据这种效果来判断和评价政治关联对于获取政府补贴的正负效应。结果发现，有政治关联企业获得的政府补贴与企业经营效益和社会贡献这两者呈负向关系；与此形成对比的是，无政治关联企业获得的财政补贴与企业绩效及社会贡献正相关。这与政治关联的寻租假设相一致。

政治关联带来的后果就是资源分配的错位和扭曲。从政府的层面来讲，政治关联给政府部门向企业寻租创造了机会，影响了政府公正性的原则。从企业层面来讲，一些未获得政府补贴的企业，可能存在创新能力良好需要政府扶持，但由于没有建立政治关联就错失了发展机遇。这有悖于补贴政策设计的初衷。同时，即便是对于一些利用政治关联获得政府补贴的企业也不一定必然带来企业市场价值的提升（Fan 等，2007）。逯东等（2012）以创业板的高新技术企业为样本，考察了政治关联的企业在研发支出上的行为决策和市场价值的绩效表现，认为建立政治关联使企业获得了更多的政府补贴，但是反而减少了企业的研发支出，也未能提升企业的市场价值。但是，需要指出的是，这其中存在一个内生性问题：不是政治关联没有提升企业绩效，而是一些无法长期生存只追求短期获益的公司在积极寻求政治关联，这可能是其生存下去的唯一途径。

二、政府补贴对象选择及其效果检验的关键问题与实证设计

本部分重点剖析两个关键问题的识别策略：一是产权性质、禀赋特点对于获取政府补贴的作用谁更重要？二是这种选择的标准是否合理，即这企业这两个方面的特点对政府补贴的效果有何影响？

（一）产权性质与禀赋特点对获取政府补贴的作用

通常认为国有产权性质、规模大的企业会获得更多的政府补贴。本部分在分别讨论了产权性质和禀赋特点（比如企业规模、知识存量等）对获取政府补贴的影响后，重点关注两者之间谁更重要的识别问题。产权性质不一定会带来更多的补贴。

1. 产权性质对获取政府补贴的影响

研究政府激励选择偏好首先需要解决的是企业产权性质划分标准的问题。刘芍佳、孙霈和刘乃全（2003）认为，仅拥有上市公司中间所有者的资料并不足以了解这些企业真正实际的所有权与控制权，这就要求追溯企业的终极产权所有者，并应用终极产权论（the Principle of Ultimate Ownership）对中国上市公司的控股主体重新进行分类。文芳（2008）以控股股东性质与实际控制人类型作为划分依据，将上市公司的产权性质进行了分类。借鉴其分类方法，本书根据企业的最终控股股东的类型将企业的产权性质划分为中央国有企业（包括国有资产管理机构控股与中央直属国有企业控股）、地方国有企业、民营企业、其他（外资公司控股、金融机构控股，以及高校控股）四种类型。这四种类型又可简化为国有企业（中央国有企业和地方国有企业）和非国有企业（民营企业及其他）两种类型。

关于政府激励对象选择的产权性质偏好研究没有系统的文献，不过有诸多文献有所涉及。除了前面提到的安同良等（2009）、邵敏和包群（2011）、白俊红（2011），按照国有产权比重的大小对1998—2007年中国大中型工业企业37个行业进行分类，进行统计分析后发现，国有产权比重大的行业获得的政府补贴规模显著高于国有产权比重小的行业，前者所占份额高达六成以上。吴延兵（2007）也得出了类似的结论，认为政府补贴政策会向国有企业倾斜，与非国有企业相比，国有企业获得政府补贴更为便利。孔东民（2013）发现，不论是对于上市公司还是非上市公司来说，国有产权属性都会带来更多的政府补贴。通常认为在战略性新兴产业中，产权性质对企业获得政府补贴的程度影响不同：国有企业获得的政府补贴多于非国有企业。这可以称之为政府补贴的“国有产权偏好”①。这在政府补贴实施层面也可以得到解释。安同良等（2009）认为，由于逆向选择和道德风险的存在，政府缺乏足够的信息来甄别申请补贴企业的真实创新能力，作为一种替代，只好依据可以观察到的部分信息作为甄别的依据。企业的产权性质是比较容易观察的指标。国有企业与政府之间关系密切，国有企业的运营受政府的直接干预，其高管的任命也受制于政府。相对于民营企业来说，政府更信赖国有企业。另外，邵敏和包群（2011）认为，政府补贴的国有产权偏好，是由于国有企业承担着大量种类各异的政策性的职责，比如公共基础设施的运营、普遍性服务、照顾地方就业人员安置等。学者普遍认为，政府激励对象更偏好于国有企业。有关数据也佐证了这一观点，截至2013年4月9日，1273家上市公司发布的2012年年报显示，政府补贴额最大的10家企业，仅有2家民企，8家国有控股企业获得的补贴额占总额的28.36%；获得补贴最少的10家上市公司中，有7家是民企，所获补贴额占总额的0.000146%。②

然而，也有研究并不认同政府补贴存在国有产权偏好。杨其静和杨继东（2010）认为，随着国企改革的深入和其他所有制的兴起，未必所有的国企能够从政府获得更多好处；反而是很多非公有制企业得到政府的特别关照。陈晓和李静（2001）也发现，公用事业和较高的国有股比例并没有获得更多的政府补贴。因此，不能简单地直接认定

① 邵敏和包群（2011）将其称之为地方政府补贴的“国有企业偏向”特征。

② 孙卉．A股十大“补贴王”：国企占了8席［N］．周末金证券，2013.04.14.

政府补贴存在国有产权偏好，该偏好是否显著，需要进行检验才能得出相对可靠的结论。

2. 禀赋特点对获取政府补贴的影响

禀赋特点中比较容易观察的是企业规模。根据规模进行政府补贴在实施层面比较容易操作。正如周黎安和罗凯（2005）所言，中国政府有着深厚的大企业情结。韩国的三星、现代，日本的三菱株式会社等大规模企业集团在韩国和日本的经济中占据重要地位，甚至成为其国际形象的代表。中国政府借鉴这两个亚洲邻国的发展经验，也着力于打造大型企业集团。那么政府在选择补贴对象时，是否对于规模大的企业是否具有特有偏好呢?

不少学者对这个问题作出了回答。白俊红（2011）从行业之间差异的视角考察了企业知识存量水平与规模等维度对于获取政府补贴的影响，从描述统计数据来看，这两个维度按照排序分别划分成大小两个组别，发现它们的正向变化有利于企业获取更多政府补贴，即这两个方面越大越容易获得政府补贴。仅以企业规模为例，大企业获得了整个行业超过 7 成的政府补贴，小企业获得的补贴不足 3 成。这说明政府补贴对象选择偏爱大企业。

3. 产权性质与禀赋特点对获取政府补贴谁更重要

上面提出了国有产权性质和禀赋特点（即企业知识存量和规模）都有利于政府补贴的获取，那么综合考虑两者，谁更重要？如果产权性质更重要则表明政府补贴确实存在国有产权偏好，企业只要具有国有企业的属性就会获得更多的补贴，而企业本身的创新能力与规模是次要考虑因素。如果禀赋特点更重要则表明政府补贴更多地考虑了企业的创新能力与规模，国有产权偏好并不明显。

但是，在分析政府补贴对象选择偏好时，经常困扰我们的是难以将单纯的偏好与企业自身的禀赋区分开，很难判断两者谁更重要。以通常认为的国有产权偏好为例，如果企业具有的国有产权属性同时创新能力差，同时还获得了更多的政府补贴，这样就很容易的判别出存在国有产权偏好；但是如果企业具有国有产权属性同时还具有较强的创新能力，在获得了较多政府补贴时国有产权偏好就难以分离出来了。

劳动经济学中分析工资歧视的方法为我们的分析提供了思路。在分析工资差异是否由于性别歧视造成时，Blinder（1973）和 Oaxaca（1973）最早将样本分为歧视组和非歧视组两个类别，然后将两组之间的工资均值差异回归分解为禀赋可解释的部分（比如工作经验、技能水平等）和禀赋无法解释的部分，后者就可以理解为性别等歧视造成。这种方法被命名为 Blinder-Oaxaca 回归分解方法。自提出以来，该方法获得了广泛地应用，郭继强（2011）对该方法的演进沿革做了系统总结。Jann（2008）系统整理了该方法的理论基础与操作方法。类似地，可以利用 Blinder-Oaxaca 回归分解方法来研究其他方面的歧视问题。比如，企业所有制歧视，白俊和连立帅（2012）、李静等（2013）就利用该方法研究了银行信贷配置是否存在所有制歧视。

借鉴以上文献，本书采用该方法检验政府补贴的国有产权偏好。采用该方法的优点是可以将国有产权偏好与企业创新能力的差异区分开来，充分考虑政府补贴差异中存在的合理性因素，加深对于国有产权偏好问题的认识。其基本思想是：将国有企业与非国有企业分别对相同的解释变量进行回归，得出两类样本得到的政府补贴的均值差异，然后对其进行分解。如果非国有企业拥有国有企业的禀赋特点能够解释两者差异中的较多部分，则表明禀赋特点对于获取政府补贴更为重要；如果非国有企业拥有国有企业的系数，能够多获取的政府补贴在两者差异中占较多的部分，这表明产权性质对于获取政府补贴更为重要。该方法的具体应用将在本书后面章节中介绍。

（二）产权性质与禀赋特点对政府补贴效果的影响

1. 产权性质对于政府补贴效果的影响

目前关于R&D投入的研究主要集中于考察企业规模、市场竞争程度等非制度因素对创新的影响。对于处于经济转型期的中国而言，考察制度因素特别是产权性质对创新的影响应该是更有价值的研究课题（吴延兵，2009）。

在涉及企业产权性质研究的相关文献中，通常认为企业产权性质不同使得企业的利益导向有所差异，从而对其决策产生影响，最终影响企业的业绩。对比非国有企业追求利润最大化的单一目标而言，国有企业的目标常常比较复杂，追求利润最大化的经营目标与实现部分政策性目标相混杂，同时具有企业属性和政治属性。这两者之间有时会相抵触（刘芍佳等，2003；陈小悦等，2001）。因此，不同产权性质的企业面对不同的政策环境采取不同的应对策略也在意料之中。这些决策中就包括企业的R&D决策。那么，在战略性新兴产业中，国有产权性质的企业对于政府补贴的反应应该更为积极、效果更好呢？

首先，从国有企业本身的创新积极性来说，一般认为国有企业由于代理问题的存在，进行研发创新的积极性不高。由于国有产权企业控股权在各级政府部门，而企业的经营者仅在任期内对企业的经营负责，产权主体的虚置可能引发道德风险，使得企业的经营者更注重个人利益和短期收益，而不愿意对企业技术创新这类虽然具有长远收益但是风险比较高的活动投入资金和精力。而政府补贴鼓励的战略性新兴产业技术恰恰是处于前沿的技术，风险大，产生收益时间长。这就与企业经营者个人利益产生了矛盾，导致了国有企业研发创新投资不足。与此不同的是，非国有产权企业的主体明确，所有者对经营者的监督管理更为负责，能够长远地看待企业的发展问题。国有企业在研发创新上的低效率得到了实证检验，如肖文和林高榜（2014）利用行业数据检验了影响企业研发创新效率的因素，发现国有企业产值占行业总产值的比重越高，研发创新效率越低。从这个角度来讲，政府补贴对于国有企业的激励效果不如非国有企业。但是也存在不同的研究结论，比如李春涛和宋敏（2010）基于世界银行在中国 18 个城市 1483 家制造业企业的调查数据实证研究发现，国有企业在创新投入和创新产出两个层面上都更具有创新性。

其次，从国有产权对于政府政策号召的响应积极性来看，国有企业本身的政治属性决定了其更高的积极性。发展战略性新兴产业作为国家层面上的重大发展战略，体现出强烈的政策号召。在国有企业与民营企业之间，由于国有企业受到各级政府部门的领导，其经营者的利益目标对经营状况的依赖程度不如民营企业强，政治属性上的利益比如晋升、获取更多资源主要依赖于上级主管部门，政策导向作用明显；而民营企业的股东直接参与其控股公司的利益分成，相比之下，它们应更关注研发投资对企业利润的影响，而不是政府的政策导向。进一步地区分，在国有企业内部，中央直属国有企业与地方所属国有企业之间也存在差异。地方所属国有企业更多地受地方政府的管理，服从地方利益，对于国家层面的政策的执行受到的监督比较弱，如果不符合所在地方政府的利益，政策实施不规范、走样的事情时有发生。因此，国家政策的“导向作用”对于地方国有企业来说较小。从这个角度来讲，国有企业，尤其是中央国有企业，对于政府补贴的反应应该最为积极、效果也最好。

因此，在战略性新兴产业中，不同产权性质的企业政府补贴对 R&D 投入强度影响会有不同，由于受到多种复杂因素的影响难以预先做出判断，但这本质上是一个实证问题。政府补贴的“导向作用”对于国有产权性质企业的影响是否占据主导地位有待进一步的实证检验。比如，白俊红

（2011）实证检验就发现政府补贴的导向作用并不显著，所属行业的国有产权比重会对政府补贴的效果产生负向影响。

2. 禀赋特点对于政府补贴效果的影响

前面分析了政府补贴偏爱大企业，那么这种偏好是否合理呢？是单纯偏好大企业还是因为大企业确实能够促进创新，补贴效果更好呢？这个问题很难厘清。因为自从熊皮特（1950）提出大企业更能够创新的假说后，加尔布雷思（1978）从小企业财力有限难以维持研发创新费用角度论证了大企业对于技术创新的作用，随后很多学者从不同的角度证明了企业规模与研发创新存在着密切的正相关关系。相较于小企业，大企业至少具备以下优势：一是资金方面的优势，可以承受较大的创新风险，能够给予创新相配套的人才和设备支持；二是大企业通常有更多的知识积累，有更好地吸收和消化新知识的能力。这两个方面都增加了政府补贴偏爱大企业的意愿，企业规模大常常是政府选择补贴对象的最易于观察的信号。这样就产生了一个问题：政府这种偏好是源于企业的创新能力还是企业的规模？所以，不论对于偏好是否存在的分析还是偏好是否合理的分析都存在困难。但是，可以通过分析企业规模对于政府补贴激励创新的影响来考察企业规模与政府补贴的关系。Herrera 和 Ibarra（2010）即采用这种思路考察了企业规模与创新补贴的关系。其文中系统分析了 R&D 补贴对于中小企业与大企业创新投入、产出的影响效果。尽管企业规模大有利于企业获得政府补贴，但是对大企业的补贴效果并不总是最优的，有时候效果不显著。政府补贴能够有效增加中小企业的创新投入和大企业的创新产出。政府评估和制定补贴政策时应该考虑这两者的效果差异。

通过对企业现实情况的了解，对于大企业来说，一是政府补贴的规模相对于企业本身的规模来说太小；二是其面临的融资约束较小，投资现金流敏感性不大，政府补贴难以对其研发投入有所触动；而与此形成对比的是，对于小企业来说，不论从其规模还是面临的融资约束来看，可能数量不算很大的政府补贴相对其规模都是很重要的资金来源，成为激发其进行创新的动力。因此，可将这一假设概括为：企业规模效应降低了企业对政府补贴的敏感性，不利于激发创新投入。但是，也有学者不认同企业规模会消减政府补贴的效果。Arqué-Castells（2013）利用西班牙制造业样本研究政府补贴是否会促进企业持续创新时，根据企业员工人数对企业规模进行了划分，设定员工人数在 200 名以下为小企业，200 名以上为大企业。实证检验发现，补贴对于大企业和小企业的额外效应有显著差异，对于小企业的效果更弱。诱导小企业持续参与创新更为困难，产生与大企业同等的额外效应需要更多的政府补贴。企业规模对于政府补贴的效果如何呢？这需要实证检验来确定，本书后面章节对此进行了验证。

（三）数据来源、样本特点与变量选择

1. 数据来源与样本特点

本书用到的政府补贴数据主要来源于上市公司年度报告中披露的数据，包括年报非经常性损益情况中“计入当期损益的政府补助，但与公司正常经营业务密切相关，符合国家政策规定、按照一定标准定额或定量持续享受的政府补助除外”项目中披露的政府补助，通过手工收集获得。其他数据来源于 Wind 资讯金融终端数据库，样本区间为 2007—2012 年，对于部分缺失数据参照年报手工进行了填充。另外，对于研发投入数据年报之间不一致时，以最新的年报数据为准进行了修正。上市公司样本选择所属是根据平安证券行业分类的“平安战略性新兴产业”进行挑选的，该分类中有 500 家上市公司，剔除部分数据缺失的样本，最终得到 2007— 2012 年这 6 年 254 家上市公司的财务数据样本，样本点 1524 个。

表 4 - 1 描述了样本按照产权性质及所属行业划分的情况。

表 4 - 1 样本产权与行业分布

	民营企业	地方国有	中央国有	其他	合计
节能环保产业	23	5	2	2	32
新一代信息技术产业	27	3	7	1	38
生物产业	18	8	1	3	30
高端装备制造产业	25	6	24	0	55
新能源产业	23	7	5	1	36
新材料产业	21	7	5	1	34
新能源汽车产业	13	8	7	1	29
合计	150	44	51	9	254

2. 变量定义

(1) 企业创新 (rd)。研究企业的创新行为的计量模型中，通常用两类方式来表示：创新投入和创新产出。创新产出通常用专利和商标数目或者新产品的销售收入来计量，由于数据的可得性，本书采用创新投入来表示企业的创新活动。创新投入可由研发投资强度和研发水平值表示。本书采用企业研发支出水平。上市公司的研发费用情况主要是在上市公司年度报告附注中予以披露，一般会在“管理费用”科目下列示费用化的研发费用或在“无形资产”科目下的“开发支出”公布资本化的研发费用。此外，还有部分上市公司并没有明确公布研发投入情况，比如生物产业就较少公布明确的研发费用，本书根据相关新闻报道或者增长率的相对值进行了估计。本部分主要采用企业上一期研发投入的对数值 lnlrd。

(2) 政府激励 (subsidy)。在中国，政府对企业进行研发补贴是政府激励的主要手段，该变量的数据来自上市公司财务报表中利润表附注下的补贴收入科目。本部分主要使用当期政府补贴对数值 lnsubsidy 和上一期政府补贴对数值 lnlsubsidy。

（3）产权性质。对国有企业和非国有企业设置虚拟变量 state，当为国有企业时，state 取值为 1。进一步细化国有企业的分类：中央国有企业和地方国有企业，分别用变量 zy 和 df 表示。

（4）除了上述主要变量外，加入描述企业特征的变量。除了研发创新年度投入外，白俊红（2011）认为，企业多年积累的知识存量（K）对于政府补贴效果的发挥具有正向作用，本章根据其提供的处理方法计算出企业知识存量；从熊彼特（1942）提出大企业更有利创新的观点之后，企业规模一直被视为影响创新的重要因素，企业规模与研发投入的相关性已得到大量文献证实（白俊红，2011；吴延兵，2009），本书采用三个指标衡量企业规模：当期主营业务收入 sales、当期主营业务收入的对数值 lnsales 以及上一期主营业务收入的对数值 lnlsales；企业盈利能力越好，进行研发创新的资金越充裕，本书分别采用公司资产收益率和企业利润率两个指标来衡量企业业绩。众所周知，企业的创新活动主要由两种力量驱动：市场需求带来的丰厚利润与行业竞争带来的生存压力。行业市场竞争程度越大，企业越有动力进行创新以便在竞争中占据优势。我们采用文献中普遍使用的赫芬达尔指数衡量行业间的竞争强度（HHI），具体算法为行业内所有企业市场份额的平方和，该指标可以较好地反映出行业内企业之间的规模差异特点。赫芬达尔指数（HHI）的取值越小，表明该行业内相同规模的企业就越多，行业内部的竞争就越激烈；还有反映企业资产运营效率的总资产周转率 totalturn、反映企业财务状况的资产负债率 lev。

（5）其他变量。主要包括：行业变量（industry），为了控制不同行业之间差异的影响，按七大战略性新兴产业的分类标准，设置 6 个行业虚拟变量；年度变量（year），为了控制各年度经济环境带来的差异，设置 5 个年度虚拟变量。

表4-2　变量定义

<table>
<tr><th>反映维度</th><th colspan="2">变量名称</th><th>符号</th><th>变量定义</th></tr>
<tr><td rowspan="2">企业创新</td><td rowspan="2" colspan="2">研发投资</td><td>lnrd</td><td>当期研发支出水平的对数值</td></tr>
<tr><td>lnlrd</td><td>上一期研发投入的对数值</td></tr>
<tr><td rowspan="2">政府激励</td><td rowspan="2" colspan="2">补贴收入</td><td>lnsubsidy</td><td>当期补贴收入的对数值</td></tr>
<tr><td>lnlsubsidy</td><td>上一期补贴收入的对数值</td></tr>
<tr><td rowspan="4">产权性质</td><td rowspan="2">国有企业
State = 1</td><td>中央国有企业</td><td>zy</td><td>公司实际控制人为国资委</td></tr>
<tr><td>地方国有企业</td><td>df</td><td>公司实际控制人为地方国资委</td></tr>
<tr><td rowspan="2">非国有企业
State = 0</td><td>民营企业</td><td>my</td><td>公司实际控制人为境内自然人</td></tr>
<tr><td>其他</td><td>qt</td><td>公司实际控制人含境外自然人或高校控股等</td></tr>
<tr><td>企业经验等</td><td colspan="2">企业年龄</td><td>age</td><td>企业建立年度时长</td></tr>
<tr><td>创新能力</td><td colspan="2">知识存量</td><td>lnk</td><td>根据白俊红（2011）的计算方法计算出的企业知识存量</td></tr>
<tr><td>竞争程度</td><td colspan="2">赫芬达尔指数</td><td>hhi</td><td>赫芬达尔指数</td></tr>
<tr><td rowspan="3">企业规模</td><td rowspan="3" colspan="2">企业主营业务收入</td><td>sales</td><td>当期主营业务收入</td></tr>
<tr><td>lnsales</td><td>当期主营业务收入的对数值</td></tr>
<tr><td>lnlsales</td><td>上一期主营业务收入的对数值</td></tr>
<tr><td rowspan="2">盈利程度</td><td colspan="2">公司业绩</td><td>roa</td><td>资产收益率</td></tr>
<tr><td colspan="2">企业利润率</td><td>rr</td><td>营业利润/营业总收入</td></tr>
<tr><td>运营效率</td><td colspan="2">总资产周转率</td><td>totalturn</td><td>总资产周转率</td></tr>
<tr><td>财务状况</td><td colspan="2">资产负债率</td><td>lev</td><td>资产负债率</td></tr>
</table>

三、产权性质与禀赋特点对获取政府补贴作用的检验

（一）不同产权性质企业获得政府补贴比较

表4-3从绝对补贴值和相对补贴值两个方面呈现了不同产权性质企业所获补贴的年度情况，从中可以看出三点特征：首先，不同产权性质企业获得补贴的程度不论是从绝对值上来看还是从相对值上来看，均存在呈梯度的差异。从绝对值上看，民营企业、地方国有企业、中央国有企业获得

的平均补贴依次递增；从相对值上来看，中央企业获得的补贴明显低于地方国有及民营企业。其次，虽然从绝对值上来看，国有企业获得的政府补贴高于民营企业，但是在剔除了企业规模的影响后，从相对值上来看，在2011年之前，民营企业获得的政府补贴均高于国有企业。① 这从数据上部分否定了国有企业获得更多政府补贴的说法。再次，国有企业的两种类型的补贴程度也存在显著的差异。从绝对值上来看，中央国有企业获得的补贴多于地方国有企业；但从相对值上来看，地方国有企业获得的补贴程度较高。进行相对值比较的意义在于可以去除规模的影响，发现政府补贴对于企业开展研发活动的重要性：相对值比较低表明政府补贴对于企业来说数量微乎其微，不会因此改变企业的研发决策；反之，相对值比较高表明政府补贴对于企业来说是一笔不小的资金，影响企业研发决策的可能性更大。

表 4－3　不同产权性质企业获得的政府补贴的比较

平均值			2007 年	2008 年	2009 年	2010 年	2011 年	2012 年
政府补贴（单位：十万元）	国有企业	中央企业	154.3271	249.8757	437.3992	557.4839	603.0765	761.47
		地方企业	85.39114	164.7841	187.8734	327.5155	367.7273	573.8861
		全部国企	122.3988	210.4648	321.8294	450.9722	494.0726	674.5891
	民营企业		28.3079	69.7770	77.8264	112.6959	126.0976	168.8642
政府补贴占总资产的比例(%)	国有企业	中央企业	0.3237	0.3563	0.4052	0.4905	0.5082	0.6365
		地方企业	0.3467	0.4911	0.4690	0.5671	0.5254	0.8944
		全部国企	0.3343	0.4187	0.4348	0.5260	0.5162	0.7559
	民营企业		0.6835	0.9636	0.8985	0.7097	0.6592	0.6827

资料来源：作者整理。

① 2012 年，地方国有企业获得的政府补贴有大幅度增长。

（二）产权偏好不如禀赋差异显著：基于 Blinder-Oaxaca 方法

1. 实证策略

前面介绍了 Blinder-Oaxaca 回归分解方法的基本思想。本书采用该方法检验政府补贴的国有产权偏好。采用该方法的优点是可以将国有产权偏好与企业创新能力的差异区分开来，充分考虑政府补贴差异中存在的合理性因素，加深对于国有产权偏好问题的认识。具体分析方法如下：

第一步，将样本根据所有制属性分为两组：国有企业组（非歧视组）和非国有企业组（歧视组）。估计国有企业和非国有企业获取政府补贴的影响因素，其形式如下：

$$\ln Y_i = \beta X_i + \varepsilon_i \tag{4-1}$$

其中，i 表示不同的企业，$\ln Y_i$ 表示企业获取的政府补贴数额的对数值；X_i 为解释变量向量，主要包括企业上一期销售收入、上一期创新投入、利润率、资产负债率、资产周转率等；ε_i 为期望为 0 服从正态分布的误差项。方程中系数 β 表示企业特征对获取政府补贴数量的影响程度，如果 $\beta>0$ 且统计上显著，表明企业的该特征有利于企业获取较多的政府补贴。在公式（4－1）的基础上，可以得到国有企业和非国有企业两组获取政府补贴的均值方程分别为：

$$E(\ln Y_s) = E(X_s)\hat{\beta}_s \tag{4-2}$$

$$E(\ln Y_n) = E(X_n)\hat{\beta}_n \tag{4-3}$$

其中，下标 s、n 分别代表国有企业、非国有企业；$E(\ln Y_s)$ 和 $E(\ln Y_n)$ 分别表示国有企业和非国有企业所获政府补贴均值水平，$E(X_s)$ 和 $E(X_n)$ 分别为国有企业和非国有企业样本中解释变量的均值，$\hat{\beta}_s$、$\hat{\beta}_n$ 分别为两方程的回归系数。

第二步，对国有企业与非国有企业间的获取政府补贴的均值差异进行分解。用方程式表示如下：

$$E(\ln Y_s)-E(\ln Y_n)=(E(X_s)-E(X_n))\hat{\beta}_s+(\hat{\beta}_s-\hat{\beta}_n)E(X_n) \quad (4-4)$$

上式是以非国有企业组的视角进行分解的，右边第一部分即为禀赋特点可解释的部分，表示国有企业组中回归系数所决定的企业创新能力、规模等禀赋差异对政府补贴差异的贡献，简单来讲，表示如果非国有企业拥有国有企业的禀赋特点，非国有企业获得的政府补贴会有多大变化；第二部分为禀赋特点不可解释部分，可以将其视为对非国有企业的歧视，表示非国有企业禀赋因素所决定的两组回归系数差异对政府补贴差异的贡献，即如果非国有企业有国有企业的回归系数，非国有企业获得的政府补贴会有多大变化。当然该部分还包含一些无法观测特征造成的差异。另外，还可以从国有企业组的视角进行分解，结果会有差异，这也是所谓的“指数基准问题”。①

2. 回归过程结果分析

表4－4报告了以政府补贴作为被解释变量的回归结果。模型（1）是纳入产权性质变量 state 的全样本回归结果，state 的系数为负，统计上并不显著，表明了战略性新兴产业中国有上市企业相对于民营上市企业而言，未必能够获得更多的政府补助。模型（2）是将模型（1）中的 state 变量进一步细化，得出结论：在战略性新兴产业中，与民营企业相比，中央国有企业、地方国有企业属性对于获得的政府补贴并无优势。这表明对于战略性新兴产业而言，与政府补贴更青睐于国有企业的传统观点不同，政府激励对象选择并没有明显的国有产权性质偏好。韩超（2014）在实证中也发现，国有企业尤其是中央国有企业在获取政府补

① 我们也从国有企业组的视角进行了分析，结果有所不同，但是不影响本书结论。

贴时，不论在被选择的概率还是获取补贴的程度上都并不具有优势。造成这种现象的原因可能有两个：一方面可能是由于战略性新兴产业中民营企业和国有企业都在进行技术创新，民营企业若要在战略性新兴产业中立足更需要有先进的技术，因此也得到了与国有企业无差异的补贴；另一方面可能是由于样本的选择问题造成的，一般来说，上市企业相对于未上市的企业应该更具有实力，属于比较优秀的企业，尽管属于民营企业，但是具有较强的创新能力。这与杨其静和杨继东（2010）、陈晓和李静（2001）研究结论相一致。另外，在模型（1）与模型（2）中，企业上一期的研发投入 lnlrd、反映企业规模的上一期的营业收入 lnlsales 的回归系数显著为正，这说明企业上一期研发投入越多，规模越大，获得的政府补助绝对值越多。这与前面的事实特征相一致，企业规模是影响获取政府补贴数额的重要因素。这进一步引出了我们的猜测：政府补贴国有企业产权偏好特征不明显，差异更有可能是由于企业禀赋差异（比如规模差异、创新能力差异）造成的。这个问题会在下面分解过程结果中进行验证。模型（3）和模型（4）是进行下一步分解过程的基础。可以看出，企业的知识积累对于获取政府补贴具有显著的正向影响，这也表明政府补贴对象的选取对企业创新能力是有要求的。比较有意思的是，国有企业组的上一期的研发投资有利于企业获取更多的政府补贴，反而是非国有企业上一期研发投入对获取政府补贴的影响不显著。这可能的解释是政府补贴的发放倾向于照顾部分民营企业，而对国有企业的创新性要求较高。

表4－4　政府补贴差异回归过程结果

变量	模型（1）	模型（2）	模型（3）	模型（4）
	全样本	全样本	国有企业	非国有企业
常数项	－8.9688***	－8.6648***	1.3966***	1.4379***
	（－12.1291）	（－11.3811）	（3.2387）	（3.7955）
lnlrd	0.2439***	0.2454***	0.2774**	0.0153
	（6.7902）	（6.8231）	（2.0922）	（0.1084）
age	－0.0153*	－0.0157**	－0.0140	0.0070
	（－1.9257）	（－1.9629）	（－1.2220）	（0.5817）
lev	0.0019	0.0018	0.0244***	0.0063**
	（0.8469）	（0.8194）	（7.2561）	（2.1591）
rr	0.0024	0.0023	0.0098*	－0.0026
	（1.0240）	（0.9893）	（1.7319）	（－0.9212）
totalturn	－0.5235***	－0.5278***	－0.3117**	－0.2000*
	（－6.1384）	（－6.1691）	（－2.1196）	（－1.6917）
hhi	0.0000	0.0000	－0.0001	0.0000
	（0.3151）	（0.2412）	（－1.1865）	（0.5342）
lnk			0.2766**	0.5466***
			（2.0482）	（3.7796）
lnlsales	0.5787***	0.5800***		
	（12.9417）	（12.9531）		
state	－0.0594			
	（－0.6813）			
zy		－0.1127		
		（－1.0786）		
df		－0.0214		
		（－0.2055）		
年度	控制	控制	控制	控制
行业	控制	控制	控制	控制
N	1246	1245	466	780
adj. R^2	0.466	0.464	0.483	0.251
F值	61.43	57.73	26.54	16.39

注：表中数据为变量的回归系数，括号内数值为t值，*、**、***分别代表显著性水平为10%、5%、1%。

3. 分解过程结果分析

基于上一步的回归结果，对两组企业获取政府补贴均值差异的分解如表4－5所示。结果表明，2007—2012年，政府补贴差异合理部分（0.7365）占总差异（1.0359）的比例高达71.1%，而不合理部分的比例仅为28.9%。由此，可以说明国有企业与非国有企业之间获取政府补贴数额的差异主要可以由企业自身的禀赋特征来解释。其中，企业的知识存量lnk可以解释的合理部分约占合理部分总和的一半。资产负债率、企业上一期的研发投入占其余的一半。表明企业的创新积累和创新热情是获取政府补贴的主要因素。通常来讲，知识存量多的企业规模较大，这也佐证了前面的猜测，政府补贴的对象选择国有产权偏好不明显，企业创新能力和规模偏好才是政府补贴对象选择的主要考量指标。

表4－5　政府补贴差异分解过程结果

变量	合理部分		不合理部分	
lnlrd	0.1344	（1.49）	1.4468	（1.18）
age	0.0038	（0.23）	－0.2541	（－1.3）
lev	0.2354	（5.78）	0.801074	（4.18）
rr	－0.0016	（－0.1）	0.115973	（1.93）
lnk	0.3663	（3.46）	－1.1736	（－1.21）
totalturn	－0.0274	（－2.29）	－0.08207	（－0.5）
hhi	0.0023	（0.15）	－0.26826	（－1.43）
industry	0.0240	（0.92）	0.035656	（0.13）
year	－0.0006	（－0.06）	－0.28086	（－1.99）
常数项	——	——	－0.04124	（－0.07）
以上因素之和	0.7365	（10）	0.299407	（3.65）
占总差异比例	71.1%		28.9%	
总差异	1.035864		11.61	

注：表中数据为变量的回归系数，括号内数值为t值。符号为正表示有利于国有企业，符号为负表示有利于非国有企业。

四、产权性质与禀赋特点对政府补贴效果影响的检验

（一）不同产权性质企业研发投入比较

从表4－6中可以看出不同产权性质企业的研发投入的显著差异。从绝对值上来看，民营企业、地方国有企业、中央国有企业获得的补贴依次递增；从相对值上来看，民营企业研发力度最大，中央企业位居其后，地方企业最小。需要注意的是，这里的研发投入是企业在多种因素下做出的决策，政府补贴对于研发激励的效果无法从下表中得出结论。比如说，民营企业研发投入比例高，有可能是研发补贴刺激的结果，也有可能是民营企业本身的特性所决定的，民营企业若要在战略性新兴产业中立足，即使政府不补贴也要进行创新。政府的研发补贴究竟有没有效果还需后面进一步地检验。

表4－6　不同产权性质企业研发投入的比较

平均值			2007年	2008年	2009年	2010年	2011年	2012年
研发投入（单位：百万元）	国有企业	中央企业	109.9808	123.6724	140.6055	260.7726	334.9383	470.0414
		地方企业	107.7452	112.6875	94.9086	158.6353	226.5007	322.9128
		全部国企	108.9454	118.5846	119.4406	213.4669	284.7146	401.8976
	民营企业		17.1499	24.6084	32.9645	38.7750	49.0478	65.2903
研发投入占总资产的比例（%）	国有企业	中央企业	2.6784	2.5586	2.1677	1.8840	2.2118	2.7490
		地方企业	1.9679	1.8452	2.1002	1.9707	1.9114	2.6761
		全部国企	2.3493	2.2282	2.1364	1.9241	2.0727	2.7152
	民营企业		4.3316	3.9756	3.3801	2.3898	2.6829	2.8788

资料来源：作者整理。

（二）政府补贴对不同产权性质企业的创新激励效果检验

为了分析企业产权性质对政府补贴激励创新效果的影响，借鉴白俊红

（2011）的做法，通过在回归方程中引入产权性质与政府补贴的交互项来验证，具体形式如下：

$$\ln rd_{it} = \beta_0 + \beta_1 \ln lsubsidy_{it} + \beta_2 state \times \ln lsubsidy_{it} + \beta_3 zy \times \ln lsubsidy_{it} + \beta_4 df \times \ln lsubsidy_{it} + \beta_4 \ln sales \times \ln lsubsidy_{it} \eta_i + \mu_t + \varepsilon_{it} \quad (4-5)$$

表4－7报告了以企业创新投入作为被解释变量的面板回归结果，主要用来分析对于不同产权性质的企业而言，政府补贴是否促进了企业研发投入。通过对回归系数的比较分析，得出了以下结论。

表4－7　产权性质对于政府补贴激励效果影响的回归结果

变量	模型1	模型2	模型3	模型4
	固定效应	固定效应	固定效应	固定效应
常数项	4.9294*** （64.7915）	4.8419*** （61.6330）	4.8449*** （61.6565）	4.8474*** （70.6121）
lnlsubsidy	0.2227*** （11.9177）	0.1740*** （7.8649）	0.1819*** （8.3832）	－2.5414*** （－13.8537）
state*lnlsubsidy		0.1631*** （4.0256）		
zy*lnlsubsidy			0.1141** （2.4437）	
df*lnlsubsidy			0.1754*** （3.2067）	
lnsales*lnlsubsidy				0.1316*** （15.1311）
N	1221	1221	1220	1221
Hausman	57.15***	32.95***	36.29***	12.20***
F值	10.23	9.66	9.36	8.58

注：表中数据为变量的回归系数，括号内数值为t值，*、**、***分别代表显著性水平为10%、5%、1%。

在模型1中，政府激励对于企业的创新投入的贡献十分显著，这说明从产业整体上来看，政府对于战略性新兴产业的补贴对于促进企业的研发是有效的。在模型2纳入了国有产权性质与上一期补贴的交互项，发现政府激励的这种贡献在国有企业中表现得更大。也就是说，在政府激励对于国有企业的两种效应中，政府激励的导向效应影响较大。然而，在模型3中进一步地将国有企业分为中央国有企业和地方国有企业，发现地方国有企业与中央国有企业对政府激励的导向作用都是正显著，并且地方国有企业的正向作用更强。这与我们的预想并不一致：我们通常认为中央国有企业应该对政府导向反应更灵敏。我们给出一种可能的解释是，中央国有企业的需求规模通常较大，政府激励程度对其影响不大，即企业的需求规模稀释了政府补贴的作用。在模型4中，发现政府补贴对于企业研发投入的激励作用显著为负，企业规模对于研发投入影响正显著。模型3和模型4的结果难以分辨出企业规模对于政府补贴效果的影响，企业规模对于政府补贴效果的影响不明确。在下一部分进一步去检验，结果同时表明，战略性新兴产业中民营企业对于技术创新相对来说较为谨慎，不会将政策导向作为技术创新活动的主要决策依据。面对同样的政策导向，民营企业持观望态度，因为创新的失败意味着民营企业将无法生存；而对于国有企业创新来讲，即使创新机会不成熟，失败时也有当地政府兜底，对于企业经营者的影响不大，但是不服从政策号召的代价会很大。

为了确保上述主要研究结论对于不同估计方法或者指标选取都能够成立，使用两种方法进行稳健性检验，第一种途径是采用随机效应（稳健标准差）、随机效应（自助法）进行重新估计，第二种途径是使用专利数量作为被解释变量进行重新估计。估计结果表明，政府补贴、企业规模、产权性质等交互变量，无论是显著性水平还是符号方向都没有发生实质性变化，反映出本书的研究结论不敏感于估计方法或者指标选择，较为稳健。回归结果见附录4。

（三）企业规模抑制政府补贴效果：面板门槛回归的进一步检验

上面重点分析了政府补贴导向效应和企业规模效应在不同产权性质企

业中谁占主导的问题，其中强调了企业规模对于政府补贴效果的消减作用或者抑制作用，本部分将剥离掉产权性质问题，进一步检验企业规模抑制政府补贴效果的作用是否存在。Hansen（1999）建立的面板门槛回归模型为我们的检验提供了可行方案。该方法的优点是：以严格的统计推断方法对门槛值进行估计和检验，自动识别门槛值，而不是像传统做法那样主观确定门槛值将样本分成若干份，既不对门槛值进行参数估计，也不对其显著性进行统计检验（陈强，2014）。为了规避和修正人为划分企业规模带来的偏误，这里将企业规模设为门槛变量，模型设定如下：

$$\mathrm{Inn}ov_{it}=\beta_0+\beta_1 control_{it}+\beta_2 gov_{it}\mathrm{I}(sales<\gamma)+\beta_3 gov_{it}\mathrm{I}(sales\geqslant\gamma)+\varepsilon_{it} \quad (4-6)$$

当然，以上只是假设存在一个门槛的情况，如果存在两个门槛的话，模型设定为：

$$\mathrm{Inn}ov_{it}=\beta_0+\beta_1 control_{it}+\beta_2 gov_{it}\mathrm{I}(sales\leq\gamma_1)+\beta_3 gov_{it}\mathrm{I}(\gamma_1<sales\leqslant\gamma_2)+\beta_3 gov_{it}\mathrm{I}(sales\geqslant\gamma_2)+\varepsilon_{it} \quad (4-7)$$

其中，I（·）为示性函数，即如果括号内表达式为真，返回值为1；反之，返回值为0。多个门槛的情况以此类推，比较容易扩展。

为了确定估计所使用模型的形式，实证检验首先需要做的是判断出门槛个数，并估计出门槛值。依次对不存在门槛、存在一个门槛和存在两个门槛情形下对模型进行估计，表4－8列示了估计的F统计量和采用Bootstrp得出的P值，表4－9列示了门槛估计值和95%的置信区间。表4－8估计结果显示，单一门槛和双重门槛效果都非常显著，虽然三重门槛F值检验效果显著，P值为0.030。但是，由于符合条件7.650 < sales < 10.229的样本仅有111个，样本量过少，因此，本书基于双重门槛模型进行分析。根据这两个门槛值可以将上市公司分为三种类型：小微型企业（sales ≤ 2.390）、中型企业（2.390 < sales ≤ 10.229）、大型企业（10.229 < sales）。

表 4－8　门槛效果检验

	F 值	P 值	自抽样次数	临界值		
				1%	5%	10%
单一门槛检验	47.708***	0.000	500	18.821	8.027	5.826
双重门槛检验	28.837***	0.000	500	5.242	5.242	4.162
三重门槛检验	0.000**	0.030	300	0.000	0.000	0.000

注：*、**、***分别代表显著性水平为 10%、5%、1%。

表 4－9　门槛值估计结果

	门槛估计值	95%置信区间
单一门槛模型	2.390	[1.990，3.200]
双重门槛模型	10.229	[8.679，14.095]
	2.390	[1.990，2.980]
三重门槛模型	7.650	[6.120，7.650]

本部分分析的重点是政府补贴对于企业创新投入的影响。从表 4－10 中可以看出，政府补贴对于促进企业增加研发投入是有正向效果的。并且细分来看，相较于中型企业，小微型企业的政府补贴效果更好，而大型企业政府补贴效果有所消减。这与 Lach（2002）利用以色列的数据得出的结论相一致。这就证实了前面的假设，即企业规模抑制了企业的补贴效果，企业规模越大，政府补贴的激励作用越小。这也为政府为小微型企业提供大力度的扶持增加了实证支持。实际上，欧盟对于促进技术创新的政策工具是区分企业规模实施的，在政策设计时就明确了鼓励中小型企业参与研发创新的宗旨（Arqué-Castells，2013），允许其成员国对中小型企业提供比大型企业更多的补贴（Takalo 等，2013）。另外，发现资产盈利率 roa 与企业研发投入负相关，表明企业在当期运营状况比较不好的情形下，创新积极性会提高，在困境中寻找变革是企业生存常态。

表 4－10　模型参数估计结果

	固定效应（常规标准误）	固定效应（稳健性标准误）
roa	－0.0560*** （－4.35）	－0.0560*** （－1.92）
zf	－0.0000858 （－0.96）	－0.0000858 （－0.96）
ld	0.0417	0.0417
	（1.31）	（1.00）
hhi	－0.00027**	－0.00027
	（－2.40）	（－1.04）
I（sales <2.390）* subsidy	0.0213*** （5.56）	0.0213*** （2.37）
subsidy	0.00412*** （3.36）	0.00412*** （2.21）
I（sales >10.229）* subsidy	－0.00395*** （－3.16）	－0.00395*** （－2.12）
cons	6.093*** （11.88）	6.093*** （7.46）
R^2	0.0705	0.0705
R^2_ w	0.0705	0.0705
N	1524	1524
F	13.69	3.704

注：***、**、*分别表示在1%、5%、10%的显著性水平上显著，括号内为t值。

五、本章小结

本书利用中国战略性新兴产业254家上市公司2007—2012年的面板数据，对政府激励、公司控股股东类型与企业创新之间的相关性进行了实证检验，主要探讨了两个核心问题：一是产权性质、禀赋特点对于获取政府补贴的作用谁更重要？二是这种选择的标准是否合理，即企业这两个方面的特点对政府补贴的效果有何影响？本书认为目前政府对于战略性新兴产业的补贴，民营企业得到了相对于其规模来说较高程度的补贴，而对地方国有企业的补贴对于促进研发的效果是比较显著的。这一结论对于战略性产业有针对性地安排补贴政策，提升补贴效果，促进战略性新兴产业的技术创新具有指导意义。我们得出主要结论如下：

首先，政府补贴对象选择的国有产权偏好不明显，企业的知识存量和规模等禀赋特点是政府补贴对象选择更为看重的指标。这一结论是从两个层面得出的：一方面，从描述统计上来看，虽然在绝对值上对国有企业的补贴更多，但对于民营企业的相对补贴程度更高。另一方面，基于 Blinder-Oaxaca 回归分解方法的实证检验中也发现，企业规模和创新能力等企业禀赋特征能够解释大部分（71.1%）的国有企业与非国有企业之间获取政府补贴均值差异，禀赋不能解释的部分仅占小部分（28.9%），表明国有产权偏好并不明显。这与政府补贴青睐国有企业的传统观点不同。造成这种现象的原因，一方面可能是由于战略性新兴产业中民营企业和国有企业都在进行技术创新，民营企业若要在战略性新兴产业中立足更需要有先进的技术，因此得到了较高的补贴；另一方面可能是由于样本的选择问题造成的，一般来说，上市企业相对于未上市的企业应该更具有实力，属于比较优秀的企业，尽管属于民营企业但是具有较强的创新能力。这一结论也解释了战略性新兴产政府补贴整体有效的原因。

其次，在对偏好合理性评价中发现，在国有企业和民营企业之间，国有企业对于政府激励的反应更为灵敏，民营企业的决策较为谨慎；对中央国有企业和地方国有企业来说，地方国有企业对政府激励反应更灵敏。对此，我们给出可能的解释是：国有企业和民营企业之间的差别是由于政府激励的导向效应造成的；中央国有企业与地方国有企业之间的差别是由于规模稀释效应造成的，即中央国有企业的规模优势大大地消减了补贴的作用。利用面板门槛模型进一步证实了企业规模会对政府补贴的效果造成重大影响，企业规模越大，政府补贴效果越弱。这对于政府决策来说的启示是，政府激励对于战略性新兴产业的培育和发展是非常有必要的，并且政府在促进战略性新兴产业发展的激励措施中应该充分考虑企业规模优势对于补贴反应的灵敏性的影响，加大对小微型企业的扶持力度。

最后，我们可以看出政府激励对民营企业创新活动影响不大。这表明战略性新兴产业中民营企业对于技术创新相对来说较为谨慎，不会将政策导向作为技术创新活动的主要决策依据，这是由于民营企业的高技术企业创新决定其生死，在时机不成熟时保持观望态度。政府在培育战略性新兴产业的发展中主要依靠的是国有企业，但是由于民营企业的灵活性及其创新的活跃性，如何进一步发挥民营企业的作用在战略性新兴产业发展当中是极为关键的一个问题。

第五章

政府补贴中政府动机探析

政府补贴是战略性新兴产业扶持政策的重要手段，旨在促进创新，然而政府补贴的动机却一直倍受质疑。本章首先通过构建一个政府与企业共同参与的理论模型，将亏损企业具有寻租效应和信息效应作为基本假定，探讨了地方政府官员“促增长、保稳定”和个人寻租等利益诉求是否扭曲了政府补贴动机，重点阐释了其在促进企业创新和协助企业粉饰业绩之间的权衡。随后利用战略性新兴产业 254 家上市公司 2007—2012 年的数据实证检验了政府补贴动机。结果显示，企业的创新能力和盈余管理的需求情况共同影响了企业获得政府补贴的数额；对有盈余管理需求的企业，创新支出与政府补贴有更强的相关性并且粉饰业绩需要的资金越多，政府补贴越高；企业的盈余管理需求会显著改善企业获取补贴的程度。这表明政府在选择补贴对象和补贴程度时兼有促进企业创新和协助企业粉饰业绩两种动机，并不是单纯偏取其一。同时佐证了在战略性新兴产业中，促进企业创新是政府补贴政策考虑的重要因素，但也存在协助上市公司粉饰业绩问题，并未完全用在“刀刃”上。这也为战略性新兴产业政府补贴“整体有效，问题并存”的现象提供了一种解释。

一、政府补贴动机与效应：现象与文献述评

（一）政府补贴的滥用问题与现象

作为国家产业扶持政策，为了促进国内企业自主创新和升级，政府对战略性新兴产业的补贴有其合理性。世界上很多国家都利用财政补贴政策来引导产业发展。比如，日本在“二战”后实体经济快速腾飞，财政补贴起到了重要作用；再如，欧盟及其成员国对新能源产业的补贴政策帮助不少欧洲企业成为行业的佼佼者。政府补贴应该用于促进技改扩能、研发创新、转型升级，市场开拓、品牌建设等“刀刃”上。这些方面的用途是政府补贴使用合理性的来源。

然而，在引起广泛关注的关于政府补贴问题的讨论中，政府补贴的动机却饱受质疑。诸多媒体报道中，政府补贴已经成为粉饰上市公司业绩的重要手段（李扬帆，2013；张敏，2013）。一些地方政府为了避免本地上市公司出现亏损不惜一再动用补贴手段，如 2012 年 12 月 7 日山西省财政厅给予漳泽电力一次性贷款贴息 5000 万元助其弥补亏损，2012 年 12 月 25 日又给予其 4000 万元财政贴息，作为银行贷款利息补贴（李香才，2012）。究其原因，地方政府利益目标的实现依赖于企业，加上部分上市公司确实是地方龙头企业，具有技术、产业创新和发展的领先优势，因此使得地方政府萌生了保护本地企业的倾向。地方政绩思维促使政府协助上市公司“保壳”与扮靓业绩（黄锐，2012）。而对于连年亏损的公司，政府补贴往往能起到扭转乾坤的作用（齐雁冰，2013）。部分政府补贴未用在“刀刃”上，反而成为一些公司扭亏的“灵丹妙药”，但这种补助并不能从根本上解决上市公司运营不良的问题。与这种行为相对应的是，一些企业陷入了越补越亏，越亏越补的怪圈。蝉联 A 股“亏损王”的中国远

洋，2011 年亏损 104 亿元，获得补贴 9 亿元，2012 年再亏 95 亿元，获得补贴 3 亿元，2013 年上半年亏损近 10 亿元，获得补贴 1.8 亿元；一些企业尽管亏损巨大却仍能获取补贴，比如号称“靠政府哺养的不死鸟”的京东方，自上市以来在大量融资近 300 亿元、净利润不断亏损累计近 80 亿元的情形下却依然获得了超过 16 亿元的政府补贴。这些现象反映出作为产业政策的重要手段，政府补贴在执行中出现了问题。由于在选择补贴对象和补贴程度方面具有自由支配权，政府存在有意识地利用补贴协助企业扭亏或阻止业绩下滑的可能性。若本应用于促进企业创新的政府补贴挪用于协助亏损企业来粉饰业绩，这是一种政策扭曲的现象，会阻碍资源的合理配置。公共舆论的高度关注促使我们思考，政府补贴是否存在被扭曲的现象？是用来促进创新还是协助企业粉饰业绩？政府补贴是否用在了“刀刃”上？

本书旨在从官员激励视角辨别政府补贴动机是否存在扭曲，分析政府在选择补贴对象和补贴程度的动机，探究促进企业创新和协助企业粉饰业绩两种动机之间交互影响的机理，实证检验两动机之间的关系，考察政府补贴是否用在了促进企业创新上。由于政府补贴的发放是政府决定的，利用补贴进行盈余管理不单是企业自己的决策（Chen 等，2008），因此本书从政府的角度进行分析。实证检验表明，企业的研发投入越多，获得的政府补贴就越多；而对有粉饰业绩需求的企业，创新支出与政府补贴有更强的相关性，并且粉饰业绩的需求越强烈，政府补贴就会越高。这证实了政府在选择补贴对象和补贴程度时兼有促进企业创新和协助企业粉饰业绩两种动机。在采用倾向匹配评分方法控制了企业的创新能力后，其他条件相同的情况下，企业的盈余管理需求对企业获得政府补贴存在显著的正向效果，实证结果是稳健的，表明企业有盈余管理需求会显著改善企业获取补贴的程度。这反映出对于战略性新兴产业而言，政府补贴促进创新用途是政府考虑的重要因素，但也存在用于协助上市公司粉饰业绩的问题，并未完全用在“刀刃”上。

（二）地方政府补贴动机与效应文献述评

虽然政府对企业研发进行补贴是世界各国的普遍做法，但补贴是一把“双刃剑”。积极的方面，政府补贴对产业发展的促进效果非常明显，郭晓丹、何文韬（2011）认为，政府补贴一方面可以弥补由于外部性造成的研发不足，另一方面可向市场传递“光环”信号吸引投资者，从而提高企业创新的积极性。唐清泉、罗党论（2007）研究表明，政府补贴有助于上市公司社会效益的发挥。白俊红（2011）认为，中国政府的 R&D 资助显著地促进了企业的技术创新。除了上述积极影响，其负面作用也不容忽视。不少企业出于投机性动机，利用政府补贴进行盈余管理①。作为非经常性损益的主要部分，政府补贴具有粉饰企业业绩的作用得到了很多研究的证实。Jaggi 和 Baydoun（2001）发现，企业为了迎合税前利润的市场预期倾向于披露正的非经常性损益。徐晓伟等（2003）认为，利用非经常性损益项目粉饰业绩的现象普遍存在，部分企业成功扭亏为盈就得力于该项目。魏涛等（2007）研究表明，非经常性损益确实对上市公司扭亏乃至后续年度是否继续亏损起到了重要作用。邵敏和包群（2011）也发现，有近 1/4 的获得补贴企业实现扭亏为盈全靠政府补贴。粉饰企业业绩会影响投资者的判断，从而为企业带来利益。Riedl 和 Srinivasan（2007）实证表明，企业非经常损益的不同表述会影响使用者的判断。王红建等（2014）研究发现，上市公司为了获取更多政府补贴存在负向盈余操纵行为，操纵至亏损

① 盈余管理是指企业管理层在遵循会计准则的基础上，基于某种动机而通过各种手段影响企业预期盈余，使其达到预定指标而产生的行为；“粉饰业绩”是媒体常用的说法。本书对这两个概念不做严格区分，都是指企业通过政府补贴扭亏为盈和阻止业绩下滑的行为。

状态的企业获得更多政府补贴，并且在国有企业样本中呈现出负向操纵程度越大，政府补贴边际价值越低的特点。

政府补贴具有粉饰企业业绩的作用，但是它不同于资产减值准备等其他盈余管理手段基本可以由企业自主决定，政府补贴的发放是由国家或地方各级政府决定的，通过政府补贴来调节利润的难度大大高于以前年度减值准备的冲回。那么地方政府在选择补贴对象的时候，是否有意识地协助企业来满足上市公司的盈余管理需求成为值得研究的问题。

关于政府补贴动机的问题有诸多文献有所涉及。有部分学者指出，政府对上市公司进行补贴的重要目的是满足上市公司盈余管理需求，协助公司达到监管部门规定的财务要求。陈晓、李静（2001）研究发现，为了协助本地上市公司获得配股资格募集资金，或者保留住其上市资格维护本地壳资源，地方政府有明确的动机利用政府补贴等财政工具协助亏损企业达到监管部门规定的指标要求。Chen 等（2008）认为，在中国进行盈余管理不只是企业的决策，地方政府和上市公司因为从股市获取更多资本的共同利益而达成合谋，地方政府通过提供补贴帮助企业进行盈余管理来达到中央政府的监管要求。朱松、陈运森（2009）认为，政府会基于企业的社会责任、企业的重要程度、政府自身的财政实力、补贴政策的持续性等因素对企业进行补贴，其中，扭亏和保牌的动机是非常明显的。当上市公司业绩面临着财务报表不好时，政府往往慷慨相助，协助其粉饰业绩渡过危机。邵敏、包群（2011）研究表明，地方政府在获补贴企业中更倾向于给予市场竞争力较弱企业更高程度的补贴，并且地方政府补贴程度决定行为更多地体现了“保护弱者”特点。孔东民等（2013）实证研究发现，具有保牌和融资需求的上市公司显著地获得政府的更多补贴，表明政府补贴的确具有协助上市公司操纵盈余的动机。但是，这一观点并未得到普遍认同。Qian 和Roland（1998）提出，在中国现有分权体制下，地方政府为了争取流动资源获得竞争优势，没有激励向亏损的国有企业提供帮助。唐清泉、罗党论（2007）研究认为，政策的更替使得帮助企业获得配股资格动机不再是政府补贴上市公司的强烈动机，政府补贴并未起到协助上市公司再融资的作用。黄蓉、赵黎鸣（2011）利用 2002—2008 年的上市公司数据分析了政府补贴的动机，研究认为补贴既不具有帮助需要保壳企业的“保壳”动机，也不具有帮助不需要保壳企业的“培优”动机。另外，还有学者研究了非经常性损益标准的出台对政府补贴作用的影响。如龚小凤（2006）认为，非经常性损益标准的出台使得补贴对配股资格的影响降低，但仍具有一定影响；同时，补贴为上市公司的扭亏起着重要作用。

然而，目前相关文献有两点局限性。第一，大多数的研究考察政府补贴的动机从单一的角度考虑。要么考察政府补贴具有协助企业粉饰业绩的动机，要么考察政府补贴对促进创新的作用。实际上，政府补贴的动机可能并不单一。第二，大多文献考察政府补贴协助上市企业达到监管要求的动机，较少考虑协助企业迎合资本市场达到预期盈余的动机。实际上，2006 年出台《上市公司证券发行管理办法（中国证券监督管理委员会令 2006 年第 30 号）》后，监管要求是以扣除非经常性损益后的计算与扣除前低的作为标准。换言之，按照规定 2006 年后政府补贴可能无法起到协助企业达到监管要求的作用。

本书可能在以下三个方面丰富了已有文献：首先，本书将政府补贴的协助企业盈余管理的动机与促进企业创新的动机结合起来，考察了协助企业盈余管理动机与促进企业创新两种动机之间的相互影响的机理。其次，本书考察了政府补贴协助企业迎合资本市场达到预期盈余的动机，从净利润的绝对值和相对值两个方面考虑了协助企业粉饰业绩的情形。从绝对值上来看，协助净利润扭“亏”为“盈”；从相对值上来看，协助净利润的增长值扭“跌”为“升”。从而规避了2006年政策变化造成的政府补贴无法起到协助企业达到监管要求作用的问题。最后，从有盈余管理需求与无盈余管理需求的企业两者比较来看，区分了有盈余管理需求的企业可能会对政府有两种可能的效应“寻租效应”和“信息效应”。另外，由于战略性新兴产业的特殊性也决定了研究的意义。与传统产业不同，战略性新兴产业发展的支撑在于技术创新，政府补贴用在“刀刃”上，对于战略性新兴产业的健康发展具有更重要的意义。

二、补贴动机交互影响机理分析

由于之前的文献未能探讨政府补贴促进企业创新与协助企业进行盈余管理两动机之间的关系，而政府对企业进行补贴的动机可能并不是单方面的，对这两者存在一个权衡。本书试图借用 Jia 等（2013）建立的分析中国省级官员选拔中能力与关系之间相互影响的模型，来分析政府补贴促进创新用途与协助企业粉饰业绩用途这两者之间的相互影响是如何发生的。在企业的创新能力和有盈余管理需求都可能影响获取补贴程度的情况下，单纯考察创新能力或者有无盈余管理需求对补贴程度的影响，并不能综合反映这两者对获取补贴程度的共同影响。所以，可以将思路演变为在企业有盈余需求时，创新能力与获取补贴程度的关系如何？如果更强，则有盈余，需求与创新能力是两个互补的原因；如果更弱，则两者是相互替代的原因。

（一）权衡模型框架

这个理论模型中包含地方政府与企业两个参与者。因为政府补贴的发放是由国家或地方各级政府决定的，企业无法自主决定，地方政府决定政府补贴对象，企业被动地展示其是否有粉饰业绩的需求和是否有创新积极性。

中国现有的分权体制激发了地方政府促进本地经济发展的热情，也使得地方政府对本地企业的影响力增强。地方官员为了从经济发展中获得晋升的资本，与本地企业建立了更加密切的联系（唐清泉、罗党论，2007）。随着中央提出发展战略性新兴产业促进产业升级的战略，地方政府积极扶持本地高新技术企业，将各类相关产业划归到战略性新兴产业名下，采用多种措施促进企业的研发创新，其中政府补贴是使用最广泛、最直接的方法（顾元媛，2011）。地方政府对企业进行补贴的效用来源于两个方面。一是企业能够平稳发展，这是由于地方企业发展情况关系到本地经济环境的形象，对地方招商引资有重大影响，最终影响政府官员的政绩。而地方政府官员需要形象和“面子”，因此，政府为维护地区经济环境的良好形象，常常在需要时对本地企业给予关照（唐清泉、罗党论，2007；Li，1998）。上市公司平稳发展则地方政府可以不用增加公共支出而获取更多的资本，上市公司业绩越好，地方政府越会获得更多的新投资和经济增长，反之若上市公司由于经营不善亏损，造成员工工资拖欠、裁员等问题，本应该由企业自己承担责任，但现在这些责任转嫁到了地方政府头上，所以政府可从企业的平稳发展中获益。另外，企业平稳发展也是政府获取“租金”的基础。二是企业促进经济发展的能力。在目前晋升考核标准下，地方经济增长速度快、经济规模大可以为地方官员的晋升争取到更多的机会（杨其静、郑楠，2013）。因此，地方官员非常关注企业对促进本地经济增长的能力。本书用企业的创新能力来体现企业这一能力，这样设定的合理性对于战略性新兴产业而言，创新是其内在要求，创新能力决定了企业的发展潜力和促进经济发展的能力。平稳发展与创新能力带来的效用分别用 S 和 c_i 来表示。实际上，中央部门对于中央国有企业也具有类似的效用函数。政府的效用函数可以表示为：

$$u(S,\ c_i) = S + \eta c_i \tag{5-1}$$

其中，η 表示政府对于企业促进经济发展能力的重视程度。

企业的创新能力 c_i 对于政府而言是不可观测的。然而，企业研发投入力度 n_i 是可以观测到的：

$$n_i = c_i + \varepsilon_i，其中\ \varepsilon_i \sim N(0,\ \sigma_\varepsilon) \tag{5-2}$$

下面将企业的盈余管理需求加入分析框架中来。令 $D_i \in \{0,\ 1\}$，当企业有盈余管理需求时，$D_i = 1$；当企业无盈余管理需求时，$D_i = 0$。这个模型建立在两个假设之上：一是有盈余管理需求的企业会给政府带来更多的设租机会，企业更愿意寻租，即“寻租效应”；二是有盈余管理需求的企业更愿意对政府讲真话，即“信息效应”。

企业有盈余管理需求时，政府具有获得更多“租金”的可能性，即 $p(1) > p(0)$。企业无盈余管理需求时，企业对资金的需求不急迫，政府在选择补贴对象时设租机会相对较小。这是企业有盈余管理需求时的“寻租效应”。目前政府掌握着大量战略性新兴产业专项资金，在补贴的发放上具有很大的支配权，同时社会还缺乏对政府的有效监督机制，通过寻租可以帮助企业获得稀缺要素资源，从而促进企业的发展（顾元媛，2011）。因此，企业出现亏损有粉饰业绩需求时，扩大了政府权力寻租空间，地方政府具有获得更多“租金”的可能性。

企业的创新能力 c_i 对于政府而言是不可观测的，但是知道其均值 $\bar{c}$ 和方差 $\sigma_c(E_i)$。企业有盈余管理需求时可能更愿意让政府知道其真实情况，具有“信息效应”。即 $\sigma_c(1) < \sigma_c(0)$。这种假设的合理性在于地方政府掌握大量的经济资源，在选择补贴对象的过程中有决定权，企业有盈余管理需求时有更强的动机与政府结成同盟，让政府知道自己的真实情况，博得政府信任，从而获取补贴。企业与地方政府存在共同利益，并且企业长期处于地方政府的职权范围内，这类似于一种隐性合约，长期重复博弈使得

企业对政府更加诚实，因为短期的欺骗会导致失去未来所有的收益或者合作剩余（王永钦，2006）。因此，本书没有考虑企业欺骗政府获取补贴的情况。

政府补贴粉饰业绩的需求状态为 D_i 的企业所获得的期望效用函数可以表示为：

$$W_i^{D_i} \equiv E[u(S,\ c_i) \mid n_i] = p(D_i)[S + \eta E(c_i \mid n_i)] \tag{5-3}$$

如果政府不补贴企业 i 获得的利益为 $\bar{u}$，表示选取最有创新潜力的企业，而不“寻租”时的利益。如果 $W_i^{D_i} \geqslant \bar{u}$，则政府补贴企业 i。假设$\bar{u}$的累计分布函数为 $F(\bar{u})$，企业 i 获取补贴的概率分布函数为 $F(W_i^{D_i})$。为简单起见，假设$\bar{u}$服从概率密度为 μ 的均匀分布。

（二）模型分析三种情形

根据式（1），$E(c_i \mid n_i)$ 可以表示如下：

$$E(c_i \mid n_i) = h(D_i)n_i + [1 - h(D_i)]\ \bar{c} \tag{5-4}$$

其中，$h(D_i) = \sigma_c(D_i)/[\sigma_c(D_i) + \sigma_\varepsilon]$

由信息效应 $\sigma_c(1) < \sigma_c(0)$，可知 $h(1) < h(0)$。这表明有盈余管理需求的企业愿意说真话，政府可以获得更精确的其发展潜力的信息。

企业被补贴的概率对企业发展潜力的偏导为：

$$\frac{\partial F(W_i^{D_i})}{\partial n_i} = \mu\eta p(D_i)h(D_i) \tag{5-5}$$

如果在 $D_i = 1$ 时式（5－5）的结果大于 $D_i = 0$ 时结果，则表明政府补贴的盈余管理用途和促进创新用途之间是互补的；如果 $D_i = 1$ 时式(5－5)的结果比较小，则表明政府补贴盈余管理用途和促进创新的用途之间是可以相互替代的。如果 $D_i = 1$ 时式（5－5）的结果等于 $D_i = 0$ 时结果，则表明政府补贴的盈余管理用途和促进创新用途之间是相互独立的。综上所述，政府补贴在促进创新和盈余管理用途之间的关系存在三种情形。

第一种情形：相互独立，即政府补贴的用途是单一的。

如果 $\eta=0$ 或 $h(D_i)=0$（即 $\sigma_\varepsilon=\infty$），这种情形下，政府不关注企业的发展能力，只要寻租的可能性 $p(1)>p(0)$，就对有盈余管理需求的企业进行补贴。

如果 $\eta>0$，$h(D_i)>0$，但 $p(1)h(1)=p(0)h(0)$，表明随着企业发展能力的增强，企业被补贴的可能性增长，但是是否有盈余管理需求不影响被补贴的可能性。

第二种情形：如果 $\eta>0$，$p(1)h(1)>p(0)h(0)$，则是互补关系，即政府在选择补贴对象时，对有盈余管理需求的企业更看重其促进经济发展的能力。

第三种情形：如果 $\eta>0$，$p(1)h(1)<p(0)h(0)$，则是替代关系，即政府在选择补贴对象时，对有盈余管理需求的企业的关注不是因为其创新能力。

综上，政府补贴促进创新和粉饰企业业绩的功能之间相互影响成立的条件是：首先，政府重视企业的发展能力；其次，企业的创新能力能够体现企业的发展潜力；另外，有粉饰业绩需求的企业的“寻租效应”和“信息效应”至少有一个能体现出来。在实际情形中，这三个条件均可实现。因此，本书认为，政府补贴促进企业创新和粉饰企业业绩的功能之间是相互影响的。下面利用战略性新兴产业上市企业的数据进行实证检验。

三、政府补贴动机的实证检验

（一）政府补贴对上市公司净利润贡献率分布

本书用到的政府补贴数据主要来源于中国证监会指定信息披露网站——巨潮资讯网提供的年度报告全文中披露的数据，包括年报非经常性损益情况中“计入当期损益的政府补助，但与公司正常经营业务密切相关，符合国家政策规定、按照一定标准定额或定量持续享受的政府补助除外”项目中披露的政府补助，通过手工收集获得。

本书其他数据来源于 Wind 资讯金融终端数据库，样本区间为 2007—2012 年，对部分财务数据依据公司年报中的数据进行了复核和补充。这些上市公司所属行业是根据平安证券行业分类的“平安战略性新兴产业”进行划分的。根据研究需要，本书选取了从 2007 年到 2012 年这 6 年 254 家上市公司的财务数据样本，样本点 1524 个。表 5－1 描述了不同产业和年度的政府补贴，以便于更好的呈现中国上市公司的政府补贴规模与分布，并以此作为随后检验的基础。可以看出政府补贴具有以下三个特征：①从年度变化上看，政府补贴的金额逐年增长，增长幅度较大，尤其是新能源汽车产业。②从行业之间的横向比较来看，高端装备制造业、新能源产业与新能源汽车产业获得的政府补贴较多。这是由于行业性质决定的。③战略性新兴产业上市企业在 2009 年后，几乎全部都获得了政府补贴。表 5－2 列出了战略性新兴产业 254 家上市公司政府补贴对净利润贡献率分布，可以看出，政府补贴占净利润的比重在 10% 以上的企业超过三成。政府补贴确实对许多公司的年报净利润产生了重大影响。

表5－1　政府补贴规模的年度与行业分布　　单位：十万元

年份	类别	节能环保产业	新一代信息技术产业	生物产业	高端装备制造产业	新能源产业	新材料产业	新能源汽车产业	合计
	企业总数	32	38	30	55	36	34	29	254
2007	补贴企业	24	35	28	49	34	32	27	229
	补贴金额	801.2	1405.4	1142.8	6505.5	1771.2	1969.4	2533.4	16128.9
2008	补贴企业	28	36	30	52	34	33	28	241
	补贴金额	2237.7	1901.4	1621.2	10960.8	4372.8	2004.0	7990.9	31088.8
2009	补贴企业	32	37	30	54	36	34	29	252
	补贴金额	2739.2	2488.4	2279.2	17900.8	7373.2	2738.1	7429.2	42948.1
2010	补贴企业	32	38	29	55	35	33	29	251
	补贴金额	4137.2	4060.1	3917.8	19134.7	12000.4	5783.5	11727.3	60761
2011	补贴企业	32	37	30	54	36	33	29	251
	补贴金额	4547.6	5000.7	6372.0	25818.9	9784.7	4136.7	11325.8	66986.4
2012	补贴企业	31	38	30	54	36	33	29	251
	补贴金额	5471.2	7738.2	8630.6	30769.2	11014.9	5198.5	22112.8	90935.4

注：补贴金额单位：十万元。

表5－2　战略性新兴产业254家上市公司政府补贴对净利润贡献率分布

比重	2007年	2008年	2009年	2010年	2011年	2012年
[1.0，∞]	0	3	3	2	5	12
[0.5，1.0]	2	3	6	6	9	21
[0.1，0.5]	49	79	76	85	92	86
(0，0.1]	175	144	158	156	137	102
0	25	13	2	3	3	3
[－0.1，0)	0	8	6	2	3	14
[－0.5，－0.1]	1	3	3	0	2	14
[－1.0，－0.5]	1	1	0	0	1	1
[－∞，－1.0]	1	0	0	0	2	1

注：比重是指政府补贴占净利润的比重，即政府补贴/净利润。

（二）利用政府补贴粉饰业绩企业的比重

企业利用政府补贴进行粉饰业绩主要是有两种动机：资本市场动机和监管动机，前者主要表现为迎合资本市场对企业盈余的预期，后者是为了规避相关监管的要求，满足配股的监管要求等。鉴于2006年出台《上市公司证券发行管理办法（中国证券监督管理委员会令2006年第30号）》后，监管要求是以扣除非经常性损益后的计算与扣除前低的作为标准，其后政府补贴无法起到协助企业达到监管要求的作用。退一步讲，即使政府补贴对企业配股有一定的影响，影响较2006年前已大为降低。而本书采用的数据时间区间为2007—2012年，故本书主要分析企业利用政府补贴迎合资本市场盈余预期的动机，即扭亏及避免业绩迅速下降的动机。企业实际利用政府补贴粉饰业绩分为两个方面：一是从净利润的绝对值来看，政府补贴起到了使企业的净利润扭亏为盈的作用；二是从净利润的相对值来看，政府补贴起到了使企业的净利润年增长值扭跌为升的作用。具体来看，如下所示：

一方面，从净利润的绝对值来看，政府补贴是否具有扭亏为盈的作用。将企业的净利润 NP 扣除政府补贴 GOV 重新计算，得扣除政府补贴的企业净利润 $NP_{new} = NP - GOV$。$NP_{new} < 0$ 表示扣除政府补贴后企业净利润为负。$NP \times NP_{new} < 0$ 表示企业的净利润在扣除政府补贴前后的符号相反，即政府补贴使得企业原本为负的净利润变为正的净利润。

另一方面，从净利润的相对值来看，政府补贴是否具有扭跌为升的作用。计算企业净利润的年增长值 $DNP_t = NP_t - NP_{t-1}$，$DNP_t < 0$ 表示当期企业的净利润比上期少，出现了业绩下滑的现象。将企业净利润年增长值中的政府补贴扣除，可以得到企业净利润的净年增长值$DNP_{new} = DNP_t - GOV$。$DNP_t \times DNP_{new} < 0$ 表示企业净利润的年增长值在扣除政府补贴前后的符号

相反，即政府补贴使得企业原本为负的净利润年增长值变为正值。

从表5－3中可以看出，从扣除政府补贴的净利润上来看，需要粉饰业绩的样本个数为91个，仅占全部样本数量的6%，其中依靠政府补助将净利润扭亏为盈的样本个数为25个，占需要粉饰业绩样本的27%。从扣除政府补贴的净利润年增长值上来看，需要粉饰业绩的样本个数为575个，占全部样本数量的45%，这意味着如果没有政府补贴，近一半的样本当期净利润比上期的少。其中，依靠政府补贴将净利润年增长值扭跌为升的样本个数为180个，占需要粉饰业绩样本的31%。换句话说，根据企业年报上显示净利润年增长为正的875个样本中，有180个样本是由于政府补贴才为正值的，约占21%。

表5－3　利用政府补贴粉饰业绩的企业数量

条件	2007年	2008年	2009年	2010年	2011年	2012年	合计
净利润为负	4	16	12	4	13	42	91
净利润扭亏为盈	0	3	3	2	5	12	25
净利润增长为负	–	108	77	85	142	163	575
净利润增长扭跌为升	–	28	32	37	45	38	180

资料来源：作者整理。

（三）模型设计、变量选择与实证结果分析

1. 模型设定

验证企业面临盈余管理需求时影响因素所采用的计量模型如下所示：

$$\ln sub_{it} = \alpha_1 dem + \alpha_2 innov + \alpha_3 dem \times innov + \alpha_4 xf + \alpha_5 \ln k + \alpha_6 hhi + \sum \alpha_h CONTROLit + \lambda_i + \mu_{it} \quad (5-6)$$

检验在有无盈余管理需求分组下，两动机如何影响政府补贴所采用的计量模型如下所示：

$$\ln sub_{it} = \beta_1 \ln k + \beta_2 xf + \beta_3 roa_{it} + \beta_4 \ln hhiit + \sum_{j=5} \beta_j CONTROL_{it} + \lambda_i + \varepsilon_{it} \quad (5-7)$$

其中，i、t 分别代表不同的企业和时间年份，α_i、β_i 表示待估参数，λ_i 是因不同的个体效应带来的偏误，μ_{it}、ε_{it}是纯随机扰动项。

2. 变量定义

（1）政府补贴比例（sub）。本书参照孔东民等（2013）的研究，采用政府补贴与总资产的比值以消除公司规模的影响。政府补贴的数据来自上市公司年报中计入当期损益的政府补助科目。

（2）企业创新（innov）。研究企业的创新行为的计量模型中，创新通常用两类方式来表示：创新投入和创新产出。本书采用创新投入来表示企业的创新活动，这主要是由于创新投入反映了企业进行研发的积极性。创新投入可由研发投资强度和研发水平值表示，本书采用后者。

（3）盈余管理（dem）。本书区分了两种情况下企业实际利用政府补贴粉饰业绩。一是从净利润的绝对值来看，扣除政府补贴的当年净利润为负（91 个样本）。实际政府补贴起到作用的甄别还需要的条件是未扣除政府补贴的当年净利润为正（25 个样本）。二是从净利润的相对值来看，扣除政府补贴的企业净利润年增长值为负（575 个样本）。实际政府补贴起到作用的甄别还需要的条件是未扣除政府补贴的净利润年增长值为正（180 个样本）。本书将政府补贴实际起到作用的企业划分为盈余管理组（201 个样本），即 dem = 1。其余企业为非盈余管理组，即 dem = 0。

（4）盈余需求（xf）。本书用企业净利润的年下降值来表示企业粉饰业绩需要资金的多少，即企业盈余需求的大小。

（5）除了上述主要变量外，加入描述企业特征的变量。本书根据企业的最终控股股东的类型将企业的产权性质划分为国有企业和非国有企业两种类型。对国有企业和非国有企业设置虚拟变量 state，当为国有企业时，state 取值为 1。白俊红（2011）认为，企业多年积累的知识存量（K）对于政府补贴效果的发挥具有正向作用，本章根据其提供的处理方法计算出企业知识存量；企业盈利能力越好，进行研发创新的资金越充裕，本书分别采用公司资产收益率作为衡量企业业绩（roa）的指标。众所周知，企业的创新活动主要由两种力量驱动：市场需求带来的丰厚利润与行业竞争带来的生存压力。行业市场竞争程度越大，企业越有动力进行创新以便在竞争中占据优势（Futia，1980；Spence，1984；Aghion 等，2005）。我们采用文献中普遍使用的赫芬达尔指数衡量行业间的竞争强度（HHI），具体算法为行业内所有企业市场份额的平方和，该指标可以较好地反映出行业内企业之间的规模差异特点。赫芬达尔指数（HHI）的取值越小，表明该行业内相同规模的企业就越多，行业内部的竞争就越激烈。

（6）其他变量。主要包括：行业变量（industry），为了控制不同行业之间差异的影响，按七大战略性新兴产业的分类标准，设置 6 个行业虚拟变量；年度变量（year），为了控制各年度经济环境带来的差异，设置 5 个年度虚拟变量。

表 5－4　变量名称及定义

变量名称	应用指标	符号	变量定义
政府激励	政府补贴比例	*sub*	政府补贴与总资产的比值
企业创新	研发投资	*innov*	企业研发支出水平
盈余管理	盈余管理	*dem*	*dem* =1 表示盈余管理组
盈余需求	企业净利润年下降值	*xf*	企业净利润年下降值
产权性质	国有企业	*state* =1	公司实际控制人为国资委或地方国资委
	非国有企业	*state* =0	公司实际控制人为自然人
知识存量	知识存量	*k*	根据白俊红（2011）方法计算企业知识存量
竞争程度	赫芬达尔指数	*hhi*	赫芬达尔指数
盈利程度	公司业绩	*roa*	公司资产收益率

资料来源：作者整理。

3. 实证结果与分析

表5－5 政府补贴两用途相互影响的回归结果

变量	全样本			分组样本	
	模型（1）	模型（2）	模型（3）	Panel A：有盈余管理需求	Panel B：无盈余管理需求
企业创新 innov	0.8664*** （11.4394）	0.8450*** （11.7158）	0.7996*** （10.8815）	1.3147*** （3.2320）	0.7568*** （12.1229）
盈余管理 dem		8.1383*** （12.5064）	6.1261*** （6.5883）		
交叉项 dem* innov			0.6996*** （3.0217）		
知识存量 lnk	－0.4906** （－2.5392）	－0.5315*** （－2.8889）	－0.5548*** （－3.0214）	－2.9932*** （－3.2293）	－0.2522 （－1.4757）
盈余需求 xf	0.0090** （2.5065）	0.0105*** （3.0709）	0.0104*** （3.0453）	0.4276*** （10.5812）	0.0046 （1.6086）
盈利程度 roa	0.0822*** （3.0084）	0.1061*** （4.0686）	0.1059*** （4.0714）	0.7530*** （4.8267）	0.0763*** （3.4300）
竞争程度 hhi	0.0002 （0.5989）	0.0001 （0.2812）	0.0001 （0.5086）	0.0013 （1.3565）	0.0003 （1.0703）
行业 industry	Yes	Yes	Yes	Yes	Yes
年度变量 year	Yes	Yes	Yes	Yes	Yes
观测值 n	1520	1520	1520	200	1320
修正可决系数	0.147	0.227	0.231	0.532	0.183

注：表中数据为变量的回归系数，括号内数值为 t 值，***、**、*分别表示在1%、5%、10%的显著性水平上显著。

表5－5报告了以政府补贴比例作为被解释变量的 OLS 回归结果，得出以下三点结论：

首先，企业的研发投入越多，获得的政府补贴就越多。从全样本模型（1）~（3）和分组样本 Panel A 和 B 中可以看出，不论选取的样本如何，企业的创新投入对于政府补助的影响十分显著，企业的研发投入 innov 回归系数都显著为正，表明企业的研发投入越多，获得的政府补贴就越多。这反映了政府对企业补贴时，企业的创新能力是政府关注的因素，反映到理论模型中表示政府对于企业促进经济发展能力的重视程度$\eta > 0$。这说明从产业整体上来看，战略性新兴产业的补贴确实有促进创新的用途。除Panel B 不显著外，企业的知识存量 lnk 的回归系数都显著为负，表示企业的知识存量越大获得的政府补助越少，这与黄蓉、赵黎鸣（2011）的研究结果一致，说明政府补贴并未起到“扶强培优”作用。邵敏、包群（2012）认为，造成这种“保护弱者”的情况可能源于两个方面：一是地方政府多元化的目标导致经济收益最大化的目标被弱化；二是信息不对称导致的逆向选择所致。

其次，企业有粉饰业绩的需求，可以获得更高的政府补贴。模型（2）是纳入企业粉饰业绩情况的变量 dem 的回归结果，dem 系数显著为正，表明了企业有粉饰业绩的需求，可以获得更高的政府补贴。这与孔东民等（2013）的研究结论相同，当企业有盈余管理需求时，无论企业产权如何，企业均会获得较高的政府补贴，这可能来源于政府的保壳动机。本书认为，这也可能来源于政府协助上市公司达到资本市场预期盈余的动机。更进一步地，在 Panel A 中，企业每年净利润的下降值 xf 越大，政府补助越高。这表明企业粉饰业绩需要的资金越多，政府补助就会越高。而对于无盈余需求动机的企业，政府则不会关注其年利润的下降。若企业年利润下降，政府对于企业补助的程度各不相同，对于有盈余需求的企业补贴的程度更大。造成这种现象的原因可能是在财政分权体制下，地方政府官员业绩与当地企业效益密切相关。因此，当企业出现亏损时，政府更愿意给予一定的补贴以帮助其融通资金，维持运转以渡过难关。

再次，政府补贴的促进创新用途和粉饰业绩用途两者之间是相互影响的。模型（3）是将企业的创新能力与企业粉饰业绩的情况的交叉项引入模型，得出结论：在战略性新兴产业中，企业的创新能力和企业粉饰业绩情况共同影响了企业获得政府补贴的多少，当企业有粉饰业绩的情况时，企业的创新能力越强，企业得到是政府补贴越高。这就验证了前面理论模型得出的结论：政府补贴的促进创新用途和粉饰业绩用途两者之间相互影响，对比没有粉饰业绩的情况，政府对有粉饰业绩情况的企业更加重视其促进经济发展的能力。

最后，从全样本模型（1）~（3）和分组样本 Panel A 和 B 中可以看出，不论选取的样本如何，反映市场竞争程度的赫芬达尔指数 hhi 都不显著，这表明：对于战略性新兴产业而言，不论企业是否具有盈余需求如何，竞争程度对于获得政府补助的影响不显著。这与孔东民等（2013）认为随着产品市场竞争程度的加剧，对于民营企业的政府补贴程度影响较小，但会大大增加对国有企业的补贴程度的观点不同。这可能是由于战略性新兴产业处于产业发展的初期，竞争程度相对比较小，因此竞争程度不是政府补贴考虑的主要因素。

（四）PSM 方法进一步验证

为了确保上述主要研究结论对于不同估计方法或者指标选取都能够成立，我们从三个方面进行稳健性检验。第一个是将企业创新进行了 Winsor 缩尾处理，该方法是将落于小于 1% 分位及大于 99% 分位的观察值分别以 1%、99% 分位数进行替换。第二个是减少控制变量进行重新估计。第三个是内生性考虑，由于政府补贴的发放大多数是在创新之后的事后补贴，并且本书的补贴数据没有涵盖“按照一定标准定额或定量持续享受的政府补助”，也就是说补贴是非持续性的，可以认为企业不可预期，因此内生性问题可以不予考虑。第二个方法的估计结果表明企业创新、政府补贴、盈余需求等主要变量无论是显著性水平还是符号方向都未发生实质性变化，研究结论较为稳健。另外，还采用 PSM 方法进一步验证了本书结论。

上面的 OLS 回归表明了政府补贴受到两种动机的影响，但是存在这样一个问题：如果企业有盈余管理需求，而又有较强的创新能力，获得了更多的政府补贴，由此无法明确是因为盈余管理需求导致的，还是企业创新能力强造成的。为了回答这个问题，我们采用 PSM 方法处理：为每家有盈余管理需求的企业找到一家最为相似但无此需求的企业，两类企业分别构成处理组和对照组，“相似”的标准即为企业有盈余管理需求的概率。由于两组企业具有相似的盈余管理需求的概率，那么就可以认为，在处理组和对照组之间，有无盈余管理需求是随机的，从而避免样本选择带来的偏误。我们计算有盈余管理需求对企业的“处理”效果（Average Treatment Effect on the Treated，ATT）发现，在其他条件相同的情况下，有盈余管理需求为企业获得政府补贴带来了显著的正向效果，表明企业有盈余管理需求能显著改善企业获取补贴的程度。

首先通过 Probit 模型估计有盈余管理需求的概率，选择的解释变量包括企业的创新投入、知识存量、创新产出、企业年龄、员工人数、应收账款周转率、存货周转率，以及企业所属行业和年份等，这些变量是影响企业是否有盈余管理需求的重要因素。从表 5 - 6 中，我们可以看到，企业的创新投入在匹配前也不存在显著差异，这就表明我们前面采用 OLS 分组比较企业的做法是较为合理的。创新投入、知识存量和创新产出三个变量全面地衡量了企业的创新能力。这三者匹配后，企业的创新能力得到了较好的控制。所选其他变量在匹配后处理组与对照组之间均无显著差异，匹配的质量较高。

表 5 -6　匹配样本的平衡性条件检验

变量名称	样本	均值		t 检验	
		处理组	对照组	t	p > | t |
创新投入	匹配前 匹配后	97. 53 97. 53	101. 89 88. 896	-0. 15 0. 34	0. 882 0. 731
知识存量	匹配前 匹配后	4. 34 4. 34	3. 9458 4. 3822	3. 51 -0. 34	0. 000 0. 732
创新产出	匹配前 匹配后	15. 09 15. 09	18. 427 16. 965	-0. 92 -0. 59	0. 357 0. 557
员工人数	匹配前 匹配后	3500. 2 3500. 2	4520. 2 3139	-0. 69 0. 44	0. 487 0. 658
企业年龄	匹配前 匹配后	11. 75 11. 75	10. 698 11. 39	2. 93 0. 81	0. 003 0. 420
应收账款周转率	匹配前 匹配后	13. 604 13. 604	12. 821 15. 036	0. 29 -0. 33	0. 770 0. 743
存货周转率	匹配前 匹配后	5. 022 5. 022	6. 42 6. 542	-1. 12 -1. 27	0. 262 0. 206

注：因篇幅所限，省略了年份、行业和省份的检验结果。

表 5 -7 给出了 ATT 估计结果，它反映了有无盈余管理需求对企业获取补贴的效果。有盈余管理需求的企业与倾向性得分相似但没有此需求的企业相比，有盈余管理需求为企业贡献了 2. 01% 的政府补贴比例，超过无盈余管理需求企业的两倍左右。这种差异在 5% 统计水平上显著，这表明了企业在创新能力无显著差异的情形下，有盈余需求确实提高了企业获取政府补贴的程度，从而表明战略性新兴产业政府补贴有用于协助企业进行盈余管理的动机。

表 5－7　基于最近邻域匹配法的 ATT 估计结果

变量名称	样本	处理组	控制组	差异	标准差	t 值
政府补贴比例 sub	匹配前	0.0304	0.0100	0.0205	0.0017	11.95
	ATT	0.0304	0.0104	0.0201	0.0035	5.69

资料来源：作者整理。

四、本章小结

自 2010 年 10 月开始实施加快培育和发展战略性新兴产业的重大战略后，国家对战略性新兴产业进行了大力补贴，补贴政策对于战略性新兴产业的发展具有引导作用，但也引起了诸多的争论。其中，政府补贴的动机问题是较受关注的问题之一。本书从官员激励视角分析政府在选择补贴对象和补贴程度时的动机，探讨政府促进企业创新和协助企业粉饰业绩两种动机的权衡。

本书通过构建地方政府与企业共同参与的模型，假设有粉饰业绩需求的企业有更多的权力寻租机会即寻租效应，有粉饰业绩需求的企业更愿意对政府讲真话即信息效应，分析表明政府补贴兼顾了促进创新和粉饰企业业绩两个用途，并不是单纯地促进创新或者协助企业粉饰业绩；随后利用中国战略性新兴产业 254 家上市公司 2007—2012 年的面板数据，对政府补贴、受补贴企业的特征之间的相关性进行了实证检验，以此来分析政府补贴的用途。

结果表明，在有盈余管理需求的企业中，创新支出与政府补贴有更强的相关性，说明粉饰业绩需求和创新能力是互补关系，而不是替代关系。这就表明政府在选择补贴用途时，促进创新能力和协助粉饰业绩两者是相互影响的，而不是纯粹为了粉饰业绩。这意味着补贴用来促进创新是政府考虑的重要动机，政府对战略性新兴产业的大力补贴并未完全扭曲资源配置。与此同时，在有盈余管理需求的企业中，企业亏损越高，获得的补贴越多，并且在采用倾向匹配评分方法控制了企业的创新能力后，在其他条件相同的情况下，有盈余管理需求为企业获得政府补贴带来了显著的正向效果，表明企业有盈余管理需求能显著改善企业获取补贴的程度。这反映出了对战略性新兴产业而言，政府补贴用于粉饰上市公司业绩的问题也是存在的。

政府对于战略性新兴产业的补贴，用于粉饰企业业绩和促进创新的两大动机是相互影响的，并不是单纯的粉饰业绩或者促进创新。一方面，尽管存在寻租的可能性，但促进创新的功能还是存在的；另一方面，政府补贴旨在用于促进创新，而实际上粉饰业绩的用途也是客观存在的，并未全部用在刀刃上。下一步研究如何通过制度约束来实现政府补贴更大程度地用在“刀刃”上时需要关注这两者之间相互影响的机理，着力避免权力寻租。作为产业扶持政策，政府补贴对产业发展的短期促进效果非常明显，可以在短时间内吸引国内外投资、带动产能高速增长、拉动市场需求，但政府补贴对一些亏损公司而言变成了救命稻草，这种补助并不能从根本上解决上市公司成长性不佳的问题。若本应用于促进企业创新的政府补贴用于协助亏损企业来粉饰业绩是一种政策扭曲的现象，会阻碍资源的合理配置。

对此我们提出以下几方面的政策建议：

一是要明确政府与企业的职能划分，纠正地方上市公司亏损责任错位，从源头上根除地方政府协助企业粉饰业绩的动机。本地上市公司业绩越好，地方政府则可以在不增加公共支出的情况下获得更多的新投资，享受更高的经济增长；反之，若上市公司由于经营不善亏损，地方政府则无法获得上述收益。而更糟糕的现实是，本应该由亏损企业自己承担的责任，却转嫁到了地方政府头上，这就造成了责任错位。地方上市公司亏损责任错位的根源，在于对地方政府以经济为主导的政绩考核方式。应建立更加多元化的考核方式，可将是否进行了低效率的财政支出纳入政府业绩考核中来，从源头上根除地方政府协助企业粉饰业绩的动机。

二是要细化政府补贴对象选择标准，降低地方政府在补贴对象选择上相对过高的自由裁量权。目前，国家层面出台的关于补贴的政策大多属于纲领性文件，而更多的细则制定和具体实施由地方政府决定，这样地方政府在补贴对象选择上具有相对过高的自由裁量权。不过，这种情况也在发生变化，国家层面的政策在逐步推进和细化，如2013年9月出台的《关于继续开展新能源汽车推广应用工作的通知》，与上一轮补贴政策相比，补助对象和标准等多方面都有明显调整和变化，其中规定补助资金直接发放至新能源汽车生产企业，绕开了上一轮政策“补贴资金由车企销售行为发生所在地政府发放”，这就减少了企业通过向地方政府寻租获取补贴可能性，也很大程度上破除了地方政府的保护主义倾向。但是其他行业的补贴政策还没看到这种变化。因此，有必要从国家层面的政策上降低地方政府在补贴对象选择上相对过高的自由裁量权，强化对违反政府补贴政策法规的刚性约束。

三是完善补贴资金监管机制，进一步明确政府补贴可应用的范围，监督企业切实将政府补贴用于创新。目前，政府对企业的补助关注的重点集中在补贴决策的前期，即是否补贴与补贴多少，但疏于对补贴效果的后期评估，这样就使得企业积极申请补贴，但对使用的效果不予关注。针对这些问题，可以建立企业的补贴档案，对企业之前接受过的补贴的使用情况进行评价和审核，以此作为决定是否对企业进行新一轮补贴的依据。若发现其业绩表现与所获补贴金额反差较大时，则应加强对企业创新能力的审核，以确保补贴用于了创新，而不是为其经营亏损买单。对于与事前释放的创新能力信号不一致的企业，可以中止对其补贴。

四是加强政府补贴信息披露力度，压缩政府的权力寻租空间，规避政府利用补贴协助企业粉饰业绩。充分披露企业可以获取补贴的条件、拿到补贴企业的情况、补贴金额和企业使用情况，接受社会大众的监督，杜绝模糊地带和“灰色”操作。对于地方政府滥用补贴政策的行为予以打击，以维护公平的市场竞争环境。

五是转换政府与企业互动的思路，鼓励市场竞争，充分运用市场的力量实现对企业的引导，而不是一味给予补贴维持其生存。对一些技术落后、经营难以为继企业的实施破产提供便利。为了应对亏损企业对就业和经济发展带来的负面效应，政府可以为亏损破产企业被其他企业收购创造条件，通过技术培训等方式帮助失业员工寻找和适应新的工作岗位。企业最终需要依赖市场实现自身的生存、发展和壮大，政府补贴维持企业发展只会为政府带来更大的负担。

第六章

政府补贴下企业的反应分析

本书构建了企业社会资本投资和研发创新投资决策模型，系统分析了政府干预能力、消费者分布、知识产权保护等外部环境和政府投资补贴等内部激励影响企业投资决策的内在机理，并利用战略性新兴产业 254 家上市公司数据进行了实证检验。研究发现，市场和政府的双重失效是造成当前企业热衷于社会资本投资而不是研发创新投资的根源，进行社会资本投资的企业比同等条件下其他企业多获取近一半的政府补贴，这反映出在当前环境下企业社会资本投资的背后隐藏着基于政府补贴的寻租；企业社会资本投资的多少取决于政府干预能力，而非市场竞争程度，政府补贴扭曲了企业投资行为；企业社会资本投资减弱了政府补贴鼓励创新的效果。因此，应当重新审视政府补贴政策，尽快完善补贴细则，切实转变补贴重点，逐步探索补贴退出机制。

一、企业社会资本投资：现象与文献述评

（一）企业“重关系、轻创新”现象

培育和发展战略性新兴产业是国家抢占新一轮经济制高点的重大战

略，旨在促进企业自主创新和升级，为此各级政府投入大量补贴促进其发展。补贴政策在欧盟等国家占据重要地位，这些国家对新能源产业的补贴政策帮助不少欧洲企业成为行业佼佼者。然而，政府补贴却使企业投资呈现出“重关系、轻创新”的局面。企业家花费了大量的时间和精力来编织、运营和发展各种关系网络，进行了大量社会资本投资。企业社会资本本质上是企业建构关系网络的交易费用（刘林平，2006），对政府部门进行社会资本投资以便与其建立良好关系成为某些企业发展的重要手段（张建君、张志学，2005）。据调查，大多数高管认为与中国政府搞好关系很重要，超过半数的在华外资企业宣称在中国用于维系关系所投入的资源超过本国（范悦安，2013）。中国企业的娱乐餐饮费用占企业工资总额比重达20%，主要用于建立和维护社会关系（Cai，2005）。与此形成鲜明对比的是，企业的创新积极性不高，很多核心关键技术并未掌握。这种现象引起了公众对政府补贴对象选择和补贴效果的质疑。社会普遍认为，企业是否拥有广泛的社会交往与其能否获取补贴紧密相连，部分企业与握有补贴实权的政府存在着利益交换关系。

（二）企业社会资本投资概念界定

社会资本最早出现于社会学研究中，首次明确将企业作为社会资本研究主体的是Burt（1992），其提出企业内部和企业间的关系是企业社会资本。Chung等（2000）、Park和Luo（2001）得出了类似概念。国内学者边燕杰和丘海雄（2000）认为，企业通过纵向联系、横向联系和社会联系涉取稀缺资源的能力是一种社会资本，并且其通过数据分析表明，企业的纵向联系是积累和发展社会资本的最重要的渠道，并且其强调了纵向联系的取向主要是向上的，目的是从“上边”获取稀缺资源。更进一步地，刘林平（2006）提出，企业社会资本就是企业动用了的、用来从事生产经营活动的社会网络或社会资源，本质上是企业建构关系网络的交易费用。该定义强调了企业社会资本对于实际获取外部资源的重要作用，因此本书沿用该界定，“搞关系”的花费就是企业社会资本。此外，企业是否可以对社会资本进行投资呢？有人认为社会资本是外生的，无法投资。但实际上，社会资本不是既定的，而是策略投资的结果，社会资本的生产是人们在社交活动中时间、精力和物质资本的投入过程，社会资本投资遵循物质资本和人力资本生产一样的定律（Bourdieu，1986；张其仔，2004）。

本书借鉴边燕杰和丘海雄（2000）的研究，从企业获取政府补贴的视角来看，将企业社会资本的研究范围界定在企业的纵向联系和社会联系上。之所以有这种界定，是因为政府补贴的对象选取和补贴程度主要是由政府决定的，所以企业的“向上”的纵向关联直接影响了企业获取政府补贴；而企业经营者的社会交往和联系往往是企业与外界沟通信息的桥梁和与政府建立信任的通道，是争取政府补贴的非正式机制。由于横向企业之间获取补贴是竞争关系，因此本书倾向于认为这种横向关联对于企业获取补贴没有帮助。

（三）企业社会资本投资文献述评

不少文献验证了企业为获取补贴进行寻租的直觉：很多民营企业为了获取政府补贴与政府建立政治联系（余明桂等，2010）；上市公司京东方通过与地方政府利益交换获得了大量政府补贴（步丹璐、黄杰，2013）。但现有研究采用案例或者间接的方式验证企业寻租假设，并不能体现普遍性和直观性，本书引入企业社会资本的概念并采用定量方法对其进行了衡量，更全面地概括了企业为获取政府补贴所做出的努力，直接检验该假设。虽然投资于社会资本以获取补贴已成为部分经营者的行动策略，但企业进行这种投资决策的微观机理并不明确，现有文献较少关注在资源有限且存在大量政府补贴的情形下企业的资源配置决策。本书基于微观视角，考察了政府补贴对企业行为的影响，探讨了企业“重关系、轻创新”的原因，尝试对“企业社会资本投资的决策机制是什么？受到哪些因素的影响？社会资本投资是否能够带来更多的政府补贴”等问题做出回答。这不仅有助于人们理解企业行为逻辑背后的推动力，加深对市场失效、政府干预和企业决策三者关系的理解，破解战略性新兴产业发展困局，丰富对中国情境下企业经营战略的讨论，还能够为政府重新审视补贴政策提供新的视角。

二、企业社会资本投资的机理分析

（一）共性因素影响：文化氛围和制度安排缺位

中国企业进行社会资本投资的动机很大程度上受到了文化因素的影响。在儒家传统文化的影响下，中国社会呈现为典型的“关系”型社会，集权的政治结构和具有社会分割特点的社会结构为其提供了土壤。这种社会文化氛围促成了中国以关系为基础的商业环境，关系成为企业获取竞争优势的重要战略资源，通过对关系的投资和利用，可以期望在市场中得到回报。除了文化因素外，企业热衷于搞关系的更为重要的因素是中国市场化改革中正式制度安排的缺位，导致了信息不畅和信任难建的问题，企业不得依靠非正式的关系来弥补制度的不足（Yueh，2011；Granovetter，1973、1985）。文化因素和制度安排缺位因素使得企业进行社会资本投资有利可图。比如，社会资本投资有利于企业获取有用信息、捕捉商机、猎取稀缺资源（边燕杰、丘海雄，2000），帮助企业获得融资优惠（戴亦一等，2009；李捷瑜、黄宇丰，2010）、补贴和救助（余明桂等，2010），缓解法律保护薄弱等对企业投资活动的限制（潘越等，2009）。

（二）战略性新兴产业个性因素分析

除上述共性因素影响外，战略性新兴产业热衷于社会资本投资有其适宜的独特土壤。如图 6－1 所示，战略性新兴产业的发展离不开市场和政府两只手，战略性新兴产业发展之所以需要政府培育，其合理性来源于市场机制的失效：由于研发的外部性，企业研发积极性不高，导致研发投资不足。另外，新产品市场配套设施的公共品特性造成配套设施建设乏力，导致产品接受程度低，市场需求不足，影响到研发资金积累，而研发投资不足又反过来导致新产品技术不成熟，形成了难以打破的壁垒。为此，政府采取了一系列激励措施，其中政府补贴和知识产权保护对企业有直接影响。在短期内，政府 R&D 资助显著地促进了企业的技术创新，这些措施取得了一定的效果（白俊红，2011）。然而政府培育也存在着失效的问题，如知识产权保护实际执行不力、政府补贴滥用等。企业的最终目标是利润最大化，实现该目标有多种途径，依靠创新或政府补贴均可获利。部分企业在创新盈利不佳的情况下，面对大量政府补贴，在发展过程中不再只关注市场，而是把部分精力和资源用来争取政府补贴，从而使资源流向了社会资本投资，期望通过该途径分得政府补贴一杯羹。可见，市场和政府的双重失效是造成战略性新兴产业“重关系、轻创新”现象的根源。涉及的三个主要影响因素分别是政府控制资源的能力、市场需求、知识产权转化为利润的程度。

1. 政府控制资源的能力

从政府权力来看，地方官员对本地企业扮演着“扶持之手”和“攫取之手”的角色，但不论哪种角色，对于企业的决策行为都有重要的影响（陈德球等，2011）。目前政府掌握着大量战略性新兴产业专项资金，在补

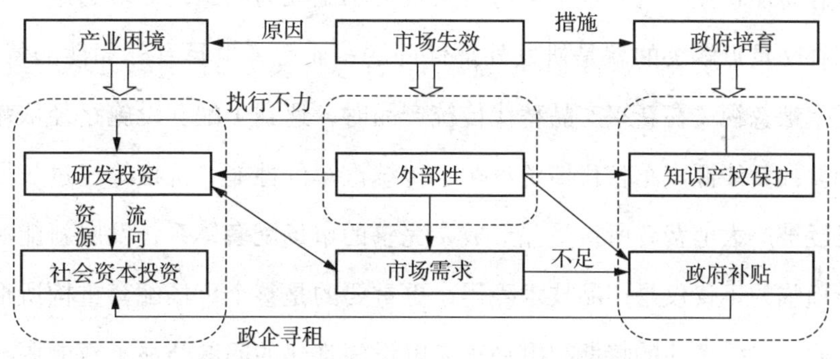

图6－1　战略性新兴产业社会资本投资机理图

资料来源：作者整理。

贴的发放上具有很大的支配权，同时社会还缺乏对政府的有效监督机制，这为部分政府官员提供了广阔的寻租空间。在政府对补贴发放不规范的情形下，企业寻租的预期收益很大，企业有很强的动机从企业有限的资金中拿出一部分进行社会资本投资以期与政府建立良好关系，赢得政府信任从而获取补贴（杨其静，2011；Li 等，2008）。与政府搞好关系至少有两点作用：一是避免政府为追求政绩干涉企业正常经营，盲目要求企业直接简单扩大产能，完成解决就业任务等，可称之为自保动机；二是从政府手中获取更多的额外经济利益，如政府补贴、变相返还土地出让金、减免相关费用等，即寻租动机。鉴于战略性新兴产业受到政府的大力支持，后者可能更为显著。在国家三令五申禁止返还用地企业土地出让金的情形下，新兴企业获得政府补贴的寻租动机尤为突出。

2. 市场需求

从消费者分布来看，战略性新兴产业产品需求量相对较小，市场存在较为严重的产销脱节现象。一般而言，导致新产品市场需求不足的原因有两个：一是技术问题导致企业成本居高不下，消费者使用传统产品效用更高；二是相关配套设施建设乏力，不能满足消费者对产品便捷性的需求。

前者容易使企业陷入需求不足与研发投资不足互为因果的循环当中，目前政府补贴重点解决的就是研发外部性问题；而后者也具有外部性的特点，却经常被忽视。在新兴产品替代传统产品时，遇到了配套设施路径依赖的问题。如新能源汽车替代传统汽车，传统汽车的性能、价格等经过长期发展已经被广大消费者所接受并形成了完整的市场配套体系，发展新能源汽车所面临的不仅仅是产品技术障碍，更重要的是整个市场配套重构所形成的障碍。广受关注的特斯拉电动车充电设施难建的问题凸显了新能源汽车在相关基础设施建设上的不足。再如新能源发电替代传统发电，国内电网建设相对滞后制约新能源发电上网，并网问题成了新能源发电技术的瓶颈。我们在不断推出产业技术创新手段的同时，往往忽略新产品配套设施的协调建设，导致新产品和新技术推广困难、市场需求不足，这抑制了企业进一步创新的动力。另外，纵观2010—2013年国家层面制定的战略性新兴产业政策，需求型政策数量明显偏低，政府更加重视环境型（如目标规划等）和供给型（如科技信息支持等）政策的推动作用（孙蕊、吴金希，2015）。战略性新兴产业沿用传统加工产业的“出口导向”策略，将产业发展的希望寄托于国外市场，使得技术标准的制定、产品研发方向的选择，都受到国外市场需求以及政府政策的影响（王宇、刘志彪，2013）。在市场需求高度不确定性时，企业更倾向于采用的竞争策略是等待其他企业创新，获得后进入者优势，而不是抢先进行创新（Villemeur等，2014）。

3. 知识产权转化为利润的程度

战略性新兴产业的核心特征在于创新，创新主要是由利润驱动，但目前创新带来的实际收益较低且难以维持，导致创新企业的处境不甚理想。中国科技成果转化率与发达国家相比严重偏低。发达国家的科技成果转化率是80%，而中国仅为25%，其中真正实现产业化的不足5%（倪迅，2013）。转化率的低下使科技成果难以形成生产力，造成了研发创新投入难获利。虽然知识产权保护水平与创新之间的关系还存在争议（Furukawa，2010），但可以确信的是适度水平的知识产权保护可以有效地维持创新者的利润，从而激励创新活动。强知识产权保护可以有效促进新兴小型创新企业的快速发展（Balsmeier 和 Delanote，2014）。但知识产权侵权问题在中国仍然较为突出。据调查，大部分受访企业认为，知识产权侵权对其业务造成了损害，竞争对手在新产品投入市场后4～6个月内就会推出类似产品或者复制品。知识产权侵权问题严重抑制了企业的研发创新，且产生的负面影响并不能够通过事后查处惩罚的方式得到完全消除（史宇鹏、顾全林，2013）。另外，既有的会计制度对企业自主创新形成的无形资产未实现有效的价值判断，导致企业不能对资本市场利益相关者提供有用、高效的信息，影响了对创新企业的甄别，抑制了创新企业的创新精神（汪海粟、方中秀，2012）。企业创新得不到期望的回报，转而投入更多精力和时间进行社会资本投资以期获利。

综上所述，从外部环境来看，市场和政府双重失效，企业的生存环境适合社会资本投资，外部环境影响了企业社会资本投资多少；从内部动力来看，企业的社会资本投资有利于其获得更多政府补贴，社会资本投资额影响了企业获得的政府补贴力度。这两个方面共同促成了企业选择社会资本投资作为企业的经营策略。

三、研发创新与社会资本投资的模型分析

本书以 Hotelling 纵向差异模型作为分析基础（奥兹·夏伊，2005），借鉴杨其静建立的能力建设与政企关联选择模型，扩展了企业获取政府补贴方式的假设，假定企业研发创新投资和社会资本投资都会获得一定数额的补贴，政府按照一定的规则将补贴总额在这两者之间进行分配，由此分析企业研发创新投资与社会资本投资的权衡，重点考察大量政府补贴对于

企业投资方向的影响机制。

（一）Hotelling 纵向差异模型框架

战略性新兴企业之间的竞争更倾向于纵向差异竞争，即消费者对各产品有一致的偏好排序，选取产品的纵向差异来比拟新兴产业企业之间的区别。本书定义了一个二阶段博弈，在时期1，两个异质企业 A、B 进行资源配置决策，将有限的可支配资源投资于社会资本或者研发创新，后者可以提高产品质量，以便在时期 2 的价格竞争中赢得优势。

1. 关于企业的假设

在时期 1 存在两个企业 A 和 B，单位成本 $c>0$，都进行社会资本投资 s_i 和研发创新投资 $r_i(i=\mathrm{A}, \mathrm{B})$。可支配资源有限，即 $s_i+r_i=1$。战略性新兴产业技术创新常常表现为突破性创新，因此假定企业 i 在时期 1 的研发投入 r_i 会使其产品质量在时期 2 提升 ηr_i^{β}。在时期 1 相较于 A，企业 B 社会资本投资较少而研发投资较多，其在时期 2 生产更高质量的产品。此时企业 A 和 B 分别位于原点右侧 a 和 b 位置，其中 $0\leqslant a\leqslant b\leqslant 1$。

2. 关于消费者的假设

消费者的理想产品位于［0，1］上的点 1，消费者均匀分布且总是购买一单位的产品。位于点 $x(x\in[0, 1])$ 且购买企业 $i(i=\mathrm{A}, \mathrm{B})$ 产品的消费者效用可定义为：

$$U_x(i)\equiv\begin{cases}ax-p_A & i=A\\ bx-p_B & i=B\end{cases} \tag{6-1}$$

其中，p_A 和 p_B 分别为消费者购买产品 A 和 B 需要支付的价格。

设 θ 代表一个从企业 A 或 B 购买产品无差异的消费者。假设 $a\leqslant\theta\leqslant b$，无差异消费者的位置由下式决定：$U_\theta(A)=a\theta-p_A=b\theta-p_B=U_\theta(B)$。由此

可得，到企业A购买产品的消费者数量为$\theta=(p_B-p_A)/(b-a)$，到企业B购买的消费者数量为（$1-\theta$）$=1-(p_B-p_A)/(b-a)$。

3. 关于政府补贴的假设

社会资本投资与研发创新投资共同影响了政府部门对企业的补贴。该假设中，企业社会资本投资可获得政府补贴的结论得到了诸多文献的支持（罗党论、唐清泉，2009），这也是企业进行社会资本投资的内在动力。政府对每单位产品补贴总额为G，其中h比例作为自由裁决部分，（$1-h$）按照创新程度进行发放。企业研发创新每单位产品可获得补贴为$R_i=(1-h)Gr_i/\sum r_i$。这个假设的合理性在于，政府在追求自身利益最大化时不仅要考虑获得寻租收益，还要考虑从企业的良好发展中获取税收，因此政府补贴不会完全投入到寻租企业当中去。这里采用两种规则对自由裁决部分来进行分配。第一种是"参与者有份"规则，企业进行社会资本投资每单位产品可获得补贴$S_i=hGs_i/\sum s_i$。第二种是"赢者通吃"规则，类似于锦标赛，谁的社会资本投资多，谁就获得全部的自由裁决部分hG，而失败者的收益为0。

（二）博弈过程分析及命题论证

采用参与者有份规则对企业投资决策进行分析。企业A和B的目标函数为：

$$\mathrm{Max}\pi_A=\frac{p_B-p_A}{b-a}(p_A-c+S_A+R_A)-1 \tag{6-2}$$

$$\mathrm{Max}\pi_B=\left(1-\frac{p_B-p_A}{b-a}\right)(p_B-c+G-S_A-R_A)-1 \tag{6-3}$$

时期2进行价格竞争。由一阶条件①$\partial\pi_A/\partial p_A=0$和$\partial\pi_B/\partial p_B=0$可得：

$$p_A^*=(b-a-G-S_A-R_A)/3+c \tag{6-4}$$

① 其二阶条件$\partial^2\pi_i/\partial p_i^2=-2/(b-a)$，即$b>a$，前述假设条件即可满足。

$$p_B^* = [2(b-a) - 2G + S_A + R_A]/3 + c \quad (6-5)$$

当 $-1 < [2S_A + 2R_A - G]/(b-a) < 2$ 时，两个企业各获得利润：

$$\pi_A^* = [(b-a) - G + 2S_A + 2R_A]^2/9(b-a) - 1 \quad (6-6)$$

$$\pi_B^* = [2(b-a) + G - 2S_A - 2R_A]^2/9(b-a) - 1 \quad (6-7)$$

时期1进行社会资本投资竞争。企业A和B在第1期有四种纯策略组合，见图6-2所示。在 $-1 < (2S_A + 2R_A - G)/b < 2$ 条件下，该博弈存在两个纯策略纳什均衡，即（社会资本投资，研发创新投资）和（研发创新投资，社会资本投资）。但是在时期1企业A和B并不知道对手到底会采取哪一种纯策略。为了避免在时期2处于被动，每个企业有动力选择不劣于纯策略的混合策略。

		企业B 社会资本投资	企业B 研发创新投资
企业A	社会资本投资	$-1,\ -1$	$(b-G+2S_A+2R_A)^2/9b-1$, $(2b+G-2S_A-2R_A)^2/9b-1$
企业A	研发创新投资	$(2b+G-2S_A-2R_A)^2/9b-1$, $(b-G+2S_A+2R_A)^2/9b-1$	$-1,\ -1$

图6-2 纯策略组合情形

资料来源：作者推导。

假设企业B以 δ 的概率选择社会资本投资而以（$1-\delta$）的概率选择研发创新投入，那么，企业A选择纯社会资本投资和纯研发创新投资的期望收益是：

$$E\pi_A(s) = -\delta + (1-\delta)[(b-G+2S_A+2R_A)^2/9b - 1] \quad (6-8)$$

$$E\pi_A(r) = \delta[(2b+G-2S_A-2R_A)^2/9b - 1] - (1-\delta) \quad (6-9)$$

混合策略被企业A采纳的充要条件是：$E\pi_A(s) = E\pi_A(r)$，即 $\delta^* = 1/(1+M^2)$。

其中，$M = (2b+G-2S_A-2R_A)/(b-G+2S_A+2R_A) > 0$，且 $\delta^* \in (0,\ 1)$。

因此，当 $-1<(2S_A+2R_A-G)/b<2$ 时，每个企业在社会资本和研发创新上都进行投资，在时期 1，比例 δ^* 的可支配资源用于社会资本投资，比例（$1-\delta^*$）的可支配资源用于研发。

命题 1：当 $-1<(2S_A+2R_A-G)/b<2$ 时，$\frac{\partial\delta^*}{\partial(S_B+R_B-S_A-R_A)}<0$。

证明：$\because\frac{\partial\delta^*}{\partial M}<0$ 且 $\frac{\partial M}{\partial(S_B+R_B-S_A-R_A)}>0$，$\therefore\frac{\partial\delta^*}{\partial(S_B+R_B-S_A-R_A)}<0$。

表明政府如何分配补贴直接影响了企业决策。如果企业通过社会资本投资与政府搞好关系，以较低的成本获得的政府补贴比其他方式所得利润来得快，企业当然会选择社会资本投资而不是进行研发，甚至当社会资本投资回报相比研发投资回报变得足够大时，几乎所有的经济资源都会被用于寻租（Magee 等，1989）。

进一步地，采用“赢者通吃”分配规则。企业能否获得政府补贴的自由裁决部分，取决于企业公关能力 $\lambda_i=\alpha s_i+\varepsilon_i$，$\alpha(\in[0,1])$ 表示社会资本投资的有效程度，其越接近于 0，表示社会资本投资越无效；ε_i 代表随机扰动项，$\varepsilon_i\sim N(0,\sigma^2)$，且相互独立。假设企业获得政府补贴的自由裁决部分的概率为 p，不仅取决于企业自身的社会资本投资，还取决于对手的社会资本投资水平，即 $p=p(s_A,s_B)$。为不失一般性，假设企业 A 胜出，则 $\lambda_A>\lambda_B$，即 $\alpha s_A+\varepsilon_A>\alpha s_B+\varepsilon_B$，可得 $\varepsilon_B-\varepsilon_A<\alpha(s_A-s_B)$，所以 $p_1=p(\lambda_A>\lambda_B)=p(\varepsilon_B-\varepsilon_A<\alpha(s_A-s_B))=F(\alpha(s_A-s_B))$。

企业 A 期望收益最大化目标为：

$$\begin{aligned}\mathrm{Max}E_A&=p_1(hG-s_A)+(1-p_1)(-s_A)+\frac{r_A}{r_A+r_B}(1-h)G\\&=p_1hG-s_A+\frac{1-s_A}{2-s_A-s_B}(1-h)G\end{aligned}\tag{6-10}$$

$s.t.\ hG > s_A$

一阶条件为：

$$\partial E_A/\partial s_A = hG \cdot \partial p_1/\partial s_A - 1 - (1-h)G \cdot (1-s_B)/(2-s_A-s_B)^2 = 0 \tag{6-11}$$

可得$\frac{\partial p_1}{\partial s_A} = \frac{1}{hG} + \frac{1-s_B}{(2-s_A-s_B)^2}\left(\frac{1-h}{h}\right) = \alpha \cdot f(\alpha(s_A - s_B))$，其中$f(\cdot)$是分布函数 F 的密度函数。

可以看出，h 越大，则$\partial p_1/\partial s_A$ 越小，表明政府自由裁决部分越多，企业获取这部分补贴需要付出更多的社会资本投资；获取补贴的概率还与社会资本投资的有效程度相关，这种有效程度可以理解为政府与企业之间的政治联系紧密程度。

对比以上两种规则，利益分配依赖于两个要素：可寻租的政府补贴总量和竞争程度。在“参与者有份”规则下，可寻租的补贴总量是更为重要的因素。在“赢者通吃”规则下，企业之间的竞争更加激烈，竞争程度是更为重要的因素。

命题2：当$-1 < (2S_A + 2R_A - G)/b < 2$时，$\frac{\partial \delta^*}{\partial b} < 0$。

证明：$\because \frac{\partial \delta^*}{\partial M} < 0$ 且 $\frac{\partial M}{\partial b} > 0$，$\therefore \frac{\partial \delta^*}{\partial b} = \frac{\partial \delta^*}{\partial M}\frac{\partial M}{\partial b} < 0$。

表明消费者群体中，高端消费者的数量越多，企业进行社会资本投资的意愿越弱。市场的培育对于战略性新兴产业的技术创新有正向影响。在消费者结构中，高端消费者的数量越多，企业就有更强的动力进行研发，而不是投入社会资本获取政府补贴。

命题3：当$-1 < (2S_A + 2R_A - G)/b < 2$时，$\frac{\partial \delta^*}{\partial \eta} < 0$，$\frac{\partial \delta^*}{\partial \beta} > 0$。

证明：$\because b = \eta r_i^{\beta}$ 且 $0 < r_i < 1$，$\therefore \frac{\partial b}{\partial \eta} > 0$，$\frac{\partial b}{\partial \beta} < 0$。

又$\frac{\partial \delta^*}{\partial b}<0$，$\therefore \frac{\partial \delta^*}{\partial \eta}<0$，$\frac{\partial \delta^*}{\partial \beta}>0$。

表明当企业研发转化为新产品的难度越大，且维护企业的产品质量优势越困难时，企业更愿意进行社会资本投资。若知识产权保护不力，企业自主创新所获收益难以保障，而通过社会资本投资寻租获取补贴收益可能更为直接，则企业社会资本投资动机更强，而自主创新动机更弱。

四、企业社会资本投资的实证检验

下面采用上市公司的数据对上面的结论进行实证验证。本书采取的实证检验策略是：①外因，检验上述三个影响社会资本投入的因素是否显著；②内因，检验两种投入是如何影响企业获取政府补贴多少的；③通过PSM 方法进一步分析企业社会资本投资对于获取补贴程度的影响。

（一）样本、模型与变量设计

1. 样本选择

选取平安证券行业分类中的“平安战略性新兴产业”上市公司作为初始样本，剔除了数据缺失的样本，考虑到2007 年会计准则变迁对政府补贴等会计处理有影响，最终选取了2007—2012 年254 家上市公司的财务数据样本，样本点1524 个。数据主要来源于Wind 资讯金融终端数据库，对部分数据依据公司年报进行了复核和补充。

2. 企业社会资本的度量

企业社会资本的度量问题一直是企业社会资本研究的障碍。目前企业社会资本的衡量大多采用企业家的社会资本作为替代，以虚拟变量的方式引入实证模型，观察企业家的政治身份及从业经历：是否为人大代表或政协委员、是否在政府或国有企业任过职务等（边燕杰、丘海雄，2000；张其仔，2004；Faccio，2006；余明桂等，2010）。但该方法仅是定性判断。采用非虚拟变量的研究仅有少数文献做出了尝试，如利用花费在社会关系上的费用来衡量企业社会资本的投入或者采用非生产性支出来衡量企业的寻租成本（万华林、陈信元，2010）。这样做至少有两个优点：一是该方式全部利用公开数据，数据易得、客观；二是不需要逐一厘清企业广泛的社会联系。借鉴以上研究成果，将企业社会资本投资分为两个方面：一是慈善捐赠，这属于“明”的方面；二是寻租费用，这属于“暗”的方面。这两者之间可能存在着替代的关系，即企业通过慈善捐赠，与政府可以达成相互依赖的隐性契约，基于互惠原则便可以获取政府在社会资源分配时的特殊照顾（李四海，2010，2012），从而以较少的寻租费用来维护和政府的关系。采用两种方案来衡量社会资本投资：第一种方案是采用慈善捐赠和寻租费用之和（social）作为社会资本的衡量；第二种方案是仅采用寻租费用（DUP）作为社会资本的衡量。从完整性上考虑，还应该存在第三种方案，即仅以慈善捐赠 donate 作为社会资本的衡量。但是由于慈善捐赠依赖于外部环境变化，企业的决策较为被动，另外企业慈善捐赠占收入的比重 donate2 平均值仅为 0.05%，因此并没有对其进行单独作为被解释变量进行回归分析。

慈善捐赠（donate）：自 Post 和 Waddoek（1995）提出战略性慈善（Strategic Philanthropy）以来，企业捐赠作为战略性慈善的重要部分，被越来越多的企业用来获取战略资产，比如政府信任、社会声誉，以实现企业的战略规划（Post 和 Waddock，1995）。企业对外捐助能提高从关键利益相关者获得重要资源的可能性，间接地为公司的关系资产提供一种类似于保险的保护，减少关系资产损失（Godfrey，2005）。因此，企业捐赠是社会资本投资的一种形式，是部门公关的工具（钟宏武，2007）。积极承担社会责任的企业可以获得更多的政治资源（Wang 和 Qian，2011）。戴亦一等

(2014) 利用上市公司的数据实证检验了企业慈善捐赠行为的政治动因，发现地方政府换届市委书记更替对企业慈善捐赠的倾向和规模有显著的正向效应，并且该捐赠确实能够给企业带来政府补贴等经济便利。表6-1显示，样本中有36.9%的企业进行了捐赠，平均捐赠支出为70.21万元。

寻租费用 (RS)：企业寻租费用很难直接获得，但最可能隐藏在销售费用或管理费用之中。管理费用中的项目如招待费、差旅费、会议费等容易成为企业报销寻租费用的捷径，是与企业寻租费用最为相关的费用（世界银行，2007；黄玖立和李坤望，2013）。本书采用超额管理费用作为寻租的替代变量，采用这种思路的求超额费用的文献非常广泛（如 Richardson，2006；杜兴强等，2010），超额管理费用的计算方式如下：

第一步，借鉴万华林和陈信元（2010）的方法，在控制了与企业正常经营活动有关的费用后，把调整后的营业管理费用SGA的超额部分作为企业的寻租费用。

$$\frac{SGA_{i,t}}{sales_{i,t-1}} = a_1 \frac{fixdep_{i,t}}{sales_{i,t-1}} + a_2 \frac{paystaff_{i,t}}{sales_{i,t-1}} + b_1 \frac{sales_{i,t}}{sales_{i,t-1}} + b_2 \frac{sales_{i,t}}{sales_{i,t-1}} * decredum_{i,t} + u_{i,t} \tag{6-12}$$

其中，SGA = 营业管理费用 - 高管薪酬 - 无形资产的摊销[①]；fixdep 和 paystaff 分别为固定资产折旧和支付员工薪酬；sales 为销售收入；decredum 为销售收入下降虚拟变量；为了控制由于公司规模差异带来的异方差问题，公式（6-12）中所有变量都除以上一期的企业销售收入。

第二步，利用第一步估计出的系数，将实际营业管理费用及相关数据带入模型，得出经标准化后的期望的管理费用 *ESGAs*，然后可以折算出期

① 新准则体系计提资产减值准备要求统一记入新设置的“资产减值损失”科目。本书采用2007年后的数据，因此资产减值准备不计入“管理费用”。

望管理费用的水平值 $ESGA$。

第三步，计算的超额管理费用 $RS = SGA - ESGA$ 作为寻租的替代变量。若 $RS > 0$，则说明存在寻租行为，令 $DUP0 = 1$；否则 $DUP0 = 0$。换言之，$DUP0$ 代表公司是否存在寻租行为。以 $DUP1$ 代表公司寻租费用的具体金额。如表 6－1 所示，2007—2012 年，共有 40.9% 的企业进行了寻租，每家企业平均寻租费用为 4854 万元。

表 6－1　社会资本变量描述统计

变量名称	指标	样本量	均值	标准差	最小值	最大值
是否捐赠	donate0	1524	0.3690	0.4830	0.0000	1.0000
捐赠金额（十万元）	donate1	1524	7.0210	30.1100	0.0000	704.3000
捐赠金额收入比	donate2	1524	0.0005	0.0013	0.0000	0.0139
是否寻租	DUP0	1524	0.4090	0.4920	0.0000	1.0000
寻租费用（十万元）	DUP1	1524	485.4000	3977.0000	0.0000	91473.0000
寻租费用收入比	DUP2	1524	0.0290	0.0668	0.0000	0.4870
是否社会资本投资	social0	1524	0.6330	0.4820	0.0000	1.0000
社会资本投资额（十万元）	social1	1524	345.3000	3159.0000	0.0000	91642.0000
社会资本投资收入比	social2	1524	0.0187	0.0529	0.0000	0.4910

资料来源：作者整理。

3. 模型设定

本书验证企业进行社会资本投资的影响因素所采用的计量模型如下所示：

$$social_{it} = \alpha_0 + \alpha_1 govpower_{it} + \alpha_2 demand_{it} + \alpha_3 ip_{it} + \alpha_4 sub_{it} + \alpha_5 ftrans_{it} + \sum_{j=6} \alpha_j CONTROL + \nu_{it} \tag{6-13}$$

政府补贴的获得可能会影响企业的社会资本支出，因为政府补贴越多，企业的可支配资金也会越多，相比之下社会资本投资可能会越多。与此同时，企业社会资本投资越多，企业越有可能赢得政府的好感，从而获得更多的补贴。所以，政府补贴与社会资本投资之间可能存在内生性问题。鉴于此，建立方程（14）与方程（13）组成联立方程解决内生性问题。

$$sub_{it} = \beta_0 + \beta_1 social_{it} + \beta_2 innov_{it} + \beta_3 social * innov + \sum_{k=4}\beta_k CONTROL + \mu_{it} \tag{6-14}$$

其中，i、t 分别代表不同的企业和时间年份，α、β 表示待估参数，ν_{it}、μ_{it}是随机扰动项。

sub 为政府补贴。数据来源于上市公司年报采用了两类数据：一是政府补贴的水平值 subsidy1；二是政府补贴收入比 subsidy2，即政府补贴的水平值除以企业的主营业务收入，以消除企业规模的影响。

innov 为研发创新投入。采用企业研发支出占主营业务之比（rd2）来衡量。

govpower 为政府干预能力。陈德球等（2011）运用世界银行对中国120 个城市、12400 家企业的调查数据度量了地方政府质量水平。该数据的优点是从企业的角度来评价政府质量，对于研究政府质量如何影响企业行为更为适合。但不足之处是，该报告仅有 2006 年的数据，不能反映政府干预能力的动态变化；并且不包括所有中国地级市的数据，对于缺失城市的数据只能采用近似估计的手段处理。基于此，借鉴 Jia 等（2013），采用企业所在省份各级政府财政开支占 GDP 比重衡量政府干预能力大小。另外，还考虑了财政支出透明程度（ftrans），采用俞乔等（2013）按照全口径政府财政透明度指标体系对 289 个市级政府的综合评价数据。

demand 为市场需求。其分布不易测得，但可根据现有产品的销售情况间接反映产品的需求状况。本书采用上一年同行业企业的主营业务收入平均数来刻画市场需求，上一年销售收入越多，表明该产品的市场需求越大；反之，则市场需求越小。

ip 为知识产权保护力度。目前文献中使用最为广泛的是樊纲等（2011）的知识产权指标，但遗憾的是该数据截至 2009 年，无法精确反映近几年的知识产权保护状况。故采用侵权案件的结案率 jal 来衡量，即以省专利管理部门当年受理的专利侵权纠纷、其他纠纷以及查处假冒专利案件的案件结案数除以立案数，数据均来自国家知识产权局统计年报。该指数越大表示该省份结案率越高，知识产权保护程度越好，是一个正向指标。

除了上述主要变量外，还加入企业特征变量、控制变量。根据企业最终控股股东的类型划分为国有企业和非国有企业两种类型，设置虚拟变量 state。企业业绩 roa 为公司资产收益率。市场竞争程度采用赫芬达尔指数 hhi。由于社会资本是个积累的过程，企业年龄（age）对于企业的社会资本水平具有较大的影响。借助政府补贴进行盈余管理的动机（dem）也是企业社会资本投资的重要因素之一。设置 6 个行业虚拟变量 industry；5 个年度虚拟变量 year。

（二）社会资本投入的影响因素分析

分别采用 2SLS 和 3SLS 方法对上述联立方程进行估计。其中，3SLS 方法作为系统估计法，充分考虑了不同方程扰动项之间可能的相关关系，可将其视为 2SLS 与 SUR 两者的结合，对整个联立方程系统的估计更有效率（陈强，2014）。因此，本部分主要参考 3SLS 的估计结果进行分析，2SLS 作为参考列示在表格中。表 6－2 分别报告了以社会资本与政府补贴为被解释变量的模型 1 和模型 3、以寻租费用与政府补贴为被解释变量的模型 2 和模型 4 的回归结果。

表 6－2　社会资本投资的影响因素分析

解释变量	2SLS		3SLS	
	模型 1：social2	模型 2：DUP2	模型 3：social2	模型 4：DUP2
govpower	0.0443**	0.0444**	0.0269*	0.0270*
	(2.2109)	(2.2192)	(1.8431)	(1.8468)
ftrans	－0.0003	－0.0003	－0.0002	－0.0002
	(－1.5459)	(－1.5170)	(－1.5630)	(－1.5460)
demand	－0.0001***	－0.0001***	－0.0001**	－0.0001**
	(－2.8860)	(－2.9037)	(－2.1377)	(－2.1606)
jal	－0.0068*	－0.0068*	－0.000700	－0.000700
	(－1.9033)	(－1.9093)	(－0.2784)	(－0.2829)
subsidy2	2.3908***	2.3549***	2.4017***	2.3645***
	(11.0892)	(10.9417)	(11.3894)	(11.2308)
hhi	0.0000	0.0000	0.0000	0.0000
	(1.0846)	(1.0634)	(0.5444)	(0.5422)
industry	控制	控制	控制	控制
year	控制	控制	控制	控制
F 统计量	23.7500***	23.2800***		
Chi2 统计量			240.5400***	235.6400***
样本量 N	1493	1493	1493	1493

注：表中数据为回归系数，括号内数值为 t 值，*，**，*** 分别代表显著性水平为 10%、5%、1%。

不论选取寻租费用与捐赠之和还是单独寻租费用作为社会资本的衡量，政府干预能力 govpower 对企业社会资本投资的影响都是显著的。政府财政支出占 GDP 的比重每增加 1%，企业的社会资本投资就会增加 2.69%，寻租费用增加 2.7%。这就论证了命题 1：政府干预能力是企业社会资本投资的重要影响因素。政府财政的透明度 ftrans 符号方向也佐证了上述结论。虽然该变量不显著，但仍可以看出政府财政越透明，企业的社会资本投资就会减少，寻租费用也会减少。同时，赫芬达尔指数 hhi 都不显著，表明对于战略性新兴产业而言，竞争程度对于企业社会投资的影响不显著，意味着政府补贴寻租的利益分配更倾向于采用“参与者有份”规则，因为政府干预能力衡量了可寻租的政府补贴总量多少，而竞争程度则反映了各方争夺政府补贴的激烈程度。这种分配规则使得企业纷纷进行社会资本投资，造成政府补贴成了“撒胡椒面”，制约了政府补贴效果的发挥。

不论选取寻租费用和捐赠之和还是单独寻租费用作为社会资本的衡量，市场需求 demand 对于企业社会资本投资的影响都是显著的，是反向作用。这也不难理解，市场需求越多，企业从市场中可获得的收益就越多，企业的资源分配就会更多地偏向于市场。命题 2 的结论得到了验证。结果还显示，反映知识产权保护程度的结案率 jal 负向的影响趋势，但是采用 3SLS 的估计结果并不显著，故不能有力地证明命题 3 的成立，换用其他指标仍然得不到显著的结果，说明各地区知识产权的保护力度可能并不是企业进行社会资本投资的主要考虑要素。

（三）社会资本投资对获取政府补贴作用分析

表 6 - 3 报告了企业获得政府补贴的影响因素。

表 6 - 3　社会资本对政府补贴的影响

	2SLS		3SLS	
解释变量	模型 1：subsidy2	模型 2：subsidy2	模型 3：subsidy2	模型 4：subsidy2
social2	0.2329 *** (4.8683)		0.2423 *** (5.0886)	
rd2	0.1201 *** (11.1427)	0.1203 *** (11.1185)	0.0634 *** (7.1462)	0.0643 *** (7.1847)
dem	0.0109 *** (6.3084)	0.0109 *** (6.2929)	0.0058 *** (4.5718)	0.0059 *** (4.5978)
social2 * rd2	-0.9482 *** (-4.9926)		-0.304 (-1.6246)	

续表

解释变量	2SLS		3SLS	
	模型 1：subsidy2	模型 2：subsidy2	模型 3：subsidy2	模型 4：subsidy2
social2 * dem	−0. 1126 *** (−3. 2351)		−0. 0246 (−0. 7645)	
dem * rd2	0. 1165 *** (4. 6384)	0. 1164 *** (4. 6456)	0. 0601 *** (3. 2562)	0. 0611 *** (3. 3074)
DUP2		0. 2352 *** (4. 8386)		0. 2450 *** (5. 0624)
DUP2 * rd2		−0. 9593 *** (−4. 9612)		−0. 3153 * (−1. 6530)
DUP2 * dem		−0. 1145 *** (−3. 2562)		−0. 0264 (−0. 8098)
industry	控制	控制	控制	控制
year	控制	控制	控制	控制
F 统计量	60. 6000 ***	60. 1800 ***		
Chi2 统计量			1155. 0400 ***	1144. 8600 ***
样本数量 N	1493	1493	1493	1493

注：表中数据为变量的回归系数，括号内数值为 t 值，*、**、*** 分别代表显著性水平为 10%、5%、1%。

该回归中考虑了企业社会资本投资、研发创新投入、盈余管理需求等众多因素。根据回归估计结果，可以得出以下三点结论：

一是，不论采用何种估计方法及采用哪种指标度量企业社会资本投入，企业社会资本都对企业获得政府补贴均有显著的正向影响，社会资本投资多的企业获得政府补助更多。企业的社会资本投资每增加一个单位，企业获得政府补贴增加 24%。这与我们的直觉相符，企业社会资本投资有利于企业获取额外的资源。这也印证了前面模型中假设社会资本投入会获得补贴的合理性。

二是，企业的研发投资对于企业获取政府补贴也有显著的正向影响。这表明对于战略性新兴产业整体而言，企业的研发积极性越高，获得的政府补贴越高，反映了政府补贴的正面效果。但是，企业社会资本投资和研发投资的交叉项为负，表明这两者之间是替代关系，即如果企业的研发投入不高，但是进行较多的社会资本投资，依然可以获得政府补贴。这也反映了企业的社会资本减弱了政府补贴鼓励创新的效果，同时也验证了有社会资本投资的企业向政府寻租的动机。该结论与陈爽英等（2010）的研究结论具有内在一致性，其认为民营企业家政治关系资本阻碍了企业进行研发创新的积极性。进行社会资本的企业寻求到了研发创新以外获取政府补贴的途径。

三是，企业的盈余需求对企业获得政府补贴均有显著的正向影响，这表明政府有帮助企业进行盈余管理的动机。社会资本和盈余管理需求的交叉项为负，但是不显著，部分表明政府甚至会在没有获得企业社会资本投资的时候帮助企业进行盈余管理，以避免企业业绩急剧下滑或亏损。研发投资与盈余管理需求交叉项为正，表明企业有盈余管理需求时，创新会带来更多的补贴，与第五章的结论相一致。

（四）进一步检验：PSM 方法验证

下面从两个方面进行检验主要研究结论是否敏感于研究方法或者变量指标的选取。一是使用倾向得分匹配法（Propensity Score Matching，PSM）中的核匹配方法来验证核心结论。二是替换部分变量，如采用每千个专利有效量中侵权案件的立案数量作为知识产权保护的指标。结果发现，主要变量的显著性水平及符号方向基本没有发生变化，结论较为稳健。

1. PSM 方法检验

Rosenbaum 和 Rubin（1983）提出了倾向得分的概念，是指被研究的个体在控制可观测到的混淆变量的情况下受到某种自变量影响的条件概率。倾向值匹配就是将受到自变量影响的个体与没有受到影响的个体进行配对，保证匹配起来的个体的倾向值相等或者近似，从而控制和消除选择性误差。与联立方程相比，采用 PSM 方法有两个优点：一是不需要做线性假设，对于无法预先判断采用何种方程形式时 PSM 方法可得出更为精确的估计结果。二是 PSM 方法在共同支撑条件下根据加权方程对观察值进行加权，而联立方程方法依靠方程形式去推断共同支撑之外的效果。在有无社会资本投资的两类企业之间支撑重合较少的时候，后者的可靠性会下降。因此，采用 PSM 方法做进一步检验：为每家进行社会资本投资的企业找到一家最为相似但无此投资的企业，两类企业分别构成处理组和对照组，相似的标准即为企业进行社会资本投资的概率。由于两组企业具有相似的社会资本投资概率，那么就可以认为，在处理组和对照组之间是否进行社会资本投资是随机的，从而避免了样本选择偏误。具体计算步骤如下：

第一步，为了获得平均处理效应的估计值，需要先进行 probit 回归分析，估计企业进行社会资本投资的概率。选择的解释变量包括企业的创新投入、创新产出、企业年龄、应收账款周转率、存货周转率、产权性质、盈余需求，以及企业所属行业和年份等，这些变量是影响企业是否进行社会资本投资的重要因素。

第二步，使用 probit 模型估计实施社会资本投资的概率作为匹配时参照的倾向得分，然后进行 Kernel 匹配，需要注意的是，在进行匹配时为了提高匹配质量应该满足共同支撑条件。简单来讲，处理组中倾向得分非常“极端”的企业（高于控制组倾向得分最大值或者低于最小值）因为没有与之匹配的个体存在往往无法为我们提供有用的信息，所以在随后的分析中也就没有被考虑进去。匹配后得到了如表 6－4 所示的结果。结果显示，处理组和对照组有显著差异，且通过了 t 检验。估计结果显示，进行社会资本投资的企业与倾向性得分相似但没有此投资的企业相比，社会资本投资为企业多贡献了 42.2% 的政府补贴，接近无社会资本投资企业的一半左右。这种差异在5%统计水平上显著，这表明了在其他条件相同的情况下，企业进行社会资本投资确实提高了企业获取政府补贴的程度，其背后存在巨大利益。

表6-4　基于核匹配法的ATT估计结果

变量名称	样本	处理组	控制组	差异	标准差	t值
subsidy1	匹配前	219.0278	146.4992	72.5286	33.1637	2.1900**
	ATT	219.1615	154.1043	65.0572	32.2008	2.0200**

注：*、**、***分别代表显著性水平为10%、5%、1%。

资料来源：作者基于stata软件估计得到。

第三步，进行匹配平衡性检验。一般来说，匹配结果应该符合平衡性能条件。所谓“平衡性能条件”是指在匹配后的处理组企业和匹配成功的对照组企业在匹配变量组中的各个变量是没有差异的。Rosenbaum 和Rubin（1985）采用了一个判断的经验法则：如果标准偏差的绝对值小于20%，那么就可以认为匹配是有效的。后续学者如毛德凤等（2013）也采用了该判断标准。如表6-5所示，各匹配变量匹配后标准偏差的绝对值满足上述经验法则，均显著小于20%。另外，t检验显示，除存货周转率和应收账款在1%水平下无显著差异外，所选其他变量在匹配后处理组与对照组之间在5%水平下均无显著差异，匹配的质量较高。因而可认为选取的匹配变量是合适的，而且匹配方法选择恰当，从而Kernel配对的估计可信。

表6-5　基于核匹配的匹配样本平衡条件检验

变量名称	样本	均值		%标准偏差	t检验	
		处理组	对照组		t	p>|t|
创新投入 rd2	匹配前	0.051	0.039	23.9	3.69	0.000
	匹配后	0.051	0.051	0.4	0.100	0.923
创新产出 fm	匹配前	19.05	14.88	9.5	1.42	0.155
	匹配后	19.07	17.90	2.7	0.620	0.535

续表

变量名称	样本	均值		%标准偏差	t检验	
		处理组	对照组		t	p>|t|
企业年龄 age	匹配前	10.97	10.38	12.7	2.05	0.040
	匹配后	10.97	10.88	2.0	0.490	0.624
盈余需求 dem	匹配前	0.147	0.0814	20.6	3.15	0.002
	匹配后	0.147	0.137	3.1	0.690	0.492
应收账款周转率 ys	匹配前	13.89	9.616	13.2	1.98	0.047
	匹配后	13.90	10.19	11.4	2.580	0.010
存货周转率 ch	匹配前	5.598	8.414	-16.0	-2.81	0.005
	匹配后	5.254	6.404	-6.5	-2.480	0.013
产权性质 state	匹配前	0.332	0.515	-37.5	-6.23	0.000
	匹配后	0.332	0.349	-3.4	-0.850	0.396

注：因篇幅所限，省略了年份、行业和省份的检验结果。

资料来源：作者基于 stata 软件估计得到。

2. 替换变量检验

表6-6和表6-7是将知识产权保护指标（ip）由结案率（jal）替换为每千个专利有效量中侵权案件的立案数量（qql），变量的符号和显著性基本没有发生变化，与上文中得出的结论一致。另外，需要说明的是，我们采用了樊纲（2011）政府干预指数作为政府干预（gov）指标，但是由于该数据截至2009年，而本书的样本数据采用的是2007—2012年，缺少3年的数据，即便采用一些处理补齐数据仍对结果影响比较大，说服力较弱，故此处不再列示。

表6-6　社会资本投资的影响因素稳健性检验

	2SLS		3SLS	
解释变量	模型1：social2	模型2：DUP2	模型3：social2	模型4：DUP2
govpower	0.0477** (2.3906)	0.0478** (2.4000)	0.0258* (1.7702)	0.0259* (1.7696)
ftrans	-0.0003** (-2.0300)	-0.0003** (-2.0032)	-0.0002 (-1.4642)	-0.0002 (-1.4457)

续表

	2SLS		3SLS	
解释变量	模型1：social2	模型2：DUP2	模型3：social2	模型4：DUP2
demandm2	-0.0001*** (-2.8263)	-0.0001*** (-2.8391)	-0.0001** (-2.0692)	-0.0001** (-2.0883)
qql	-0.0004 (-1.4768)	-0.0004 (-1.4823)	0.0000 (0.0068)	0.0000 (0.0018)
subsidy2	2.3242*** (10.7097)	2.2891*** (10.5660)	2.3322*** (10.9862)	2.2960*** (10.8321)
hhi	0.0000 (0.9573)	0.0000 (0.9352)	0.0000 (0.4489)	0.0000 (0.4489)
industry	控制	控制	控制	控制
year	控制	控制	控制	控制
F统计量	22.86***	22.41***		
Chi2统计量			229.48***	224.74***
样本量N	1518	1518	1518	1518

注：*、**、***分别代表显著性水平为10%、5%、1%。

资料来源：作者基于stata软件估计得到。

表6-7 社会资本对政府补贴的影响稳健性检验

	2SLS		3SLS	
解释变量	模型1：subsidy2	模型2：subsidy2	模型3：subsidy2	模型4：subsidy2
social2	0.2470*** (4.9411)		0.2542*** (5.1049)	
rd2	0.1225*** (10.7477)	0.1228*** (10.7116)	0.0635*** (6.7771)	0.0643*** (6.8031)
dem	0.0118*** (6.6270)	0.0118*** (6.6031)	0.0062*** (4.7204)	0.0063*** (4.7406)
social2*rd2	-1.0060*** (-5.0334)		-0.322 (-1.6352)	
social2*dem	-0.1274*** (-3.5225)		-0.0312 (-0.9330)	
Dem*rd2	0.1136*** (4.3825)	0.1134*** (4.3810)	0.0582*** (3.1001)	0.0591*** (3.1420)

续表

	2SLS		3SLS	
解释变量	模型 1：subsidy2	模型 2：subsidy2	模型 3：subsidy2	模型 4：subsidy2
DUP2		0.2500*** (4.9111)		0.2576*** (5.0802)
DUP2*rd2		-1.0198*** (-5.0023)		-0.3347* (-1.6657)
DUP2*dem		-0.1297*** (-3.5422)		-0.0333 (-0.9806)
industry	控制	控制	控制	控制
year	控制	控制	控制	控制
F 统计量	56.75***	56.22***		
Chi2 统计量			1157.26***	1147.60***
样本量 N	1518	1518	1518	1518

注：*、**、***分别代表显著性水平为10%、5%、1%。

资料来源：作者整理。

五、本章小结

本书利用 Hotelling 纵向差异模型，刻画了在资源有限且面对大量政府补贴的情形下，企业如何在社会资本投资和研发创新投资之间进行决策，通过设置“参与者有份”和“赢者通吃”两种补贴规则，重点考察了政府补贴对企业投资方向的影响，并利用战略性新兴产业 254 家上市公司数据进行了实证检验，揭示了市场和政府的双重失效是造成当前企业热衷于社会资本投资而不是研发创新投资的根源。结论如下：①政府的自由裁量权过大是造成企业热衷于社会资本投资的原因，而非市场竞争，表明寻租利益分配更倾向于“参与者有份”规则，这容易造成政府补贴“撒胡椒面”，制约政府补贴效果的发挥。②市场需求增大会减少企业的社会资本投资，但目前新产品相关配套建设乏力影响了市场需求。③企业社会资本投入有利于企业获取政府补贴，进行社会资本投资的企业比同等条件下无此投资的企业多获取42%的政府补贴，并且企业社会资本投资减弱了政府补贴鼓励创新的效果，表明企业社会资本投资的背后隐藏着基于政府补贴的寻租。原本为解决市场失效的政府补贴，却扭曲了企业的投资行为，影响了战略性新兴产业的良性发展。基于上述研究结论，提出以下政策建议：

1. 尽快完善政府补贴细则，建立公开评审制度，对政府补贴的事由、金额在信息披露方面做出强制性规定，压缩政府利用补贴的寻租空间。由于政府补贴的较大自由裁量权导致企业热衷社会资本投资，完善政府补贴机制是当务之急。补贴机制的设计应充分考虑企业对政府补贴的反应，改革现有审批制度，以减少政企寻租现象的发生。光伏产业扶持政策"金太阳工程"四年间耗资200多亿，却未能实现预期的效果，反而造成了大量"跑项目、骗补贴"的现象，事前补贴的制度设计缺陷、政府部门审批权力过大、缺乏后期监管措施等难辞其咎（朱玥和王佳丽，2013）。另外，目前国家层面出台的关于补贴的政策大多属于纲领性文件，而更多的细则制定和具体实施由地方政府决定，这样地方政府在补贴对象选择上具有相对过高的自由裁量权。不过，这种情况也在发生变化，国家层面的政策在逐步推进和细化，如2013年9月出台的《关于继续开展新能源汽车推广应用工作的通知》。与上一轮补贴政策相比，补贴对象和标准等多方面都有明显调整和变化，其中规定补贴资金直接发放至新能源汽车生产企业，绕开了上一轮政策"补贴资金由车企销售行为发生所在地政府发放"，这就减少了企业通过向地方政府寻租获取补贴的可能性，也很大程度上破除了地方政府的保护主义倾向。但是其他行业的补贴政策还没看到这种变化。因此，有必要从国家层面的政策上降低地方政府在补贴对象选择上过高的自由裁量权，强化对违反政府补贴政策法规的刚性约束。可以尝试引入第三方进行审计，加强对补贴的跟踪监控，确保扶持企业的研发活动而不是扶持企业本身，使企业在不进行创新的情况下获得不了非生产性收入，避免“撒胡椒面”式的补贴，创造公平的竞争环境。

2. 切实转变政府补贴重心，从着重补贴企业转向着力建设配套设施，使新兴产品更好更快地适应市场，为企业从市场获利创造条件，从而减少资源流向社会资本投资。由于产品的市场需求会显著负向影响企业的社会资本投资程度，对创新的引导应该考虑市场需求的拉动作用。以往的政策往往更加重视通过技术创新驱动产业内生增长，对企业进行补贴，但战略性新兴产业的需求状况、消费者接受程度也是决定产业能否顺利发展的必要条件。由于战略性新兴产业处于发展的初期阶段，消费者的需求处于较低端水平，加之路径依赖问题，对新兴产品需求量相对较小，市场存在较为严重的产销脱节现象，因此应该转变政府补贴的重点，由供给侧激励转向需求侧引导。引导的着力点在于破除对传统产品的路径依赖，建设新兴产品的市场配套，清除新兴产品推广的外部障碍，同时要防范可能的滥用。2009 年启动的“十城千辆”工程未能达到预期目标，配套基础设施建设未能满足消费者“方便快捷”的需求是原因之一（谢子聪，2013）。政府的优势是可以集中力量进行多部门协作和大规模投资，从而使新技术迅速转化为生产力，劣势是对技术不熟悉，因此政府应当扬长避短，把技术路线的确立交给市场，而在推广和市场配套建设上给予企业支持，集中资金优先解决具有外部性的公共设施和服务。政府可以通过政府采购、建立示范园区、对消费者进行补贴等手段让新产品和新技术被更多的消费者了解和接受，激发市场需求。除了这些传统手段之外，政府还可以将战略性新兴产业的基础设施建设如智能电网、物联网、电动力充电站等纳入城市建设发展的总体规划中，以此来帮助企业加快突破市场瓶颈。

3. 逐步探索政府补贴退出机制，激活企业的内在动力，从根本上切断政企寻租的源头。政府补贴是企业进行社会资本投资的内在激励，是政企寻租的源头。政府补贴作为促进战略性新兴产业发展的重要手段，重点在于培育初期的引导作用，通过援助之手将产业扶持到正确的轨道上来，但是战略性新兴产业的最终成长还是需要市场来主导，政府既不能无所作为也不能过度干预。随着战略性新兴产业的深入发展，需要逐步退出，发挥市场的主导力量，让无形的手推动企业加强技术创新，强化企业群体自我更新、自我淘汰的机制，使其在良性竞争中发展壮大，真正做到“政府引导、市场决定、企业自主”。政府补贴的逐步减少可以依据产业发展状况如技术发展程度和产能状况等相机抉择，并把退出的时间表和路线图以合适的方式传达给消费者和生产者，使他们有合理预期，从而避免市场剧烈震荡。对于研发创新产生的外部性问题，可以通过强化知识产权的保护力度，降低自主创新的维权成本来解决。知识产权保护具有统一标准，便于监管，而且能够惠及整个产业。由于知识产权保护力度对企业的社会资本投资的影响弱显著，并不稳健。相对于政府补贴，采用强知识产权保护不会显著影响到企业的投资行为，这为采取“强知识产权保护、弱政府补贴”的措施提供了支持。

本书的研究反映了在市场化改革过程中政府行为对企业决策的影响。政府运用财政资金补贴企业，直接或间接地参与企业的经营活动，导致企业决策受到非市场因素的影响，违背了服务型政府的经济职能定位。之前大多数的研究采用定性方法研究了企业政治关联的收益，而本书采用定量的方法从企业社会资本投资的视角揭示了企业社会资本投资对于获取政府补贴的收益效应，对以往的研究做了拓展补充。当然，本书也存在一些不足，如社会资本的衡量方法还比较粗略，企业社会资本投资的数据并不能够把企业的寻租费用和高管在职消费区分开，这也是未来进一步研究的方向。值得庆幸的是，黎文靖和池勤伟（2015）研究发现，对于非国有企业来说，单独以业务招待费度量的高管在职消费主要用于维护与政府关系，属于企业关系资本投资，以此来换取政府补贴。这就表明非国有企业高管在职消费也能起到寻租的作用，很大程度上缓解了企业社会资本投资度量未对两者细分造成的问题。

第七章

政府补贴政策推进动机与效果再探析：基于政策制定视角*

本书主要关注政策号召、新兴企业能动性与社会福利需要是如何影响战略性新兴产业政策推进的。在中国情境下重新诠释了政府官员产业政策决策模型，系统考察了政府与企业之间的互动过程，揭示了产业政策内生决定过程，并利用地级市发布新兴产业政策数量与战略性新兴产业上市公司两个层面的数据进行了实证检验。研究发现，战略性新兴产业的政策推进主要取决于政策号召、新兴企业社会资本影响以及社会福利需要；政府发布新兴产业政策数量与新兴产业占经济规模的比重无关，而是依赖于政绩压力传导产生的政策号召力；新兴产业的支持力度与政策数量无直接关系，与企业寻租支出正相关，当期政策数量增多会压缩正向关联程度。这反映出在当前环境下产业政策的推进主要靠政策号召，新兴企业对地方的经济贡献难以依靠自身立足，地方政府内在激励不足。强力推行产业政策可能会加剧政企之间的双向寻租。因此，应当重新审视产业政策，改变政策推行方式，鼓励地方发挥自身优势推出特色产业，实现企业自身发展为

---

* 该章内容刊发于《产业组织评论》2019 年第 1 期，原文标题《战略性新兴产业政策是如何推进的？——基于政企互动的视角》。

主，政策扶持为辅的良性发展模式。

一、政府补贴政策推进动机：问题提出

培育和发展战略性新兴产业是国家抢占新一轮经济制高点的重大战略，旨在促进企业自主创新和产业升级，为此各级政府出台了很多相关政策文件，并投入大量资源促进其发展。但在实际发展中，随着新兴产业政策的不断出台，虽然战略性新兴产业整体上取得了一定的进展，但相关企业为获取政策资源进行寻租、过度依赖政府政策扶持、滥用政府补贴、盲目扩大产能等问题也逐渐凸显出来，产业政策的有效性受到了越来越多的质疑。当前，中央调整经济发展思路，侧重于供给侧改革，产业政策仍然是改革目标实现的主要工具，重新审视产业政策的运作过程对于发挥产业政策的效果具有参考意义。与众多其他政策相似，战略性新兴产业政策由中央政府发起，地方政府在实施过程中保留一定的自主权。地方政府可就初步试验和全面推动的时间自主决策，也可采取不同的实施计划。毫无疑问，产业政策良好效果的实现需要中央政府全局视角的顶层设计、地方政府制定政策细则并积极推进落实、相关企业合理利用政策资源三个环节的配合。其中，地方政府起到了承上启下的作用，其对产业政策的推进意愿是产业政策从理念转化为实际动力的至关重要环节。因此，廓清地方政府推进战略性新兴产业政策的驱动因素及其特征就尤为重要。

目前对于战略性新兴产业政策的讨论主要集中在分析产业政策的效果上。围绕产业政策从制定到实施的过程，政策实施的效果研究非常丰富。如陆国庆等（2014）直接测算战略性新兴产业创新补贴的绩效；肖兴志、王伊攀（2014）分析了战略性新兴产业补贴被滥用于粉饰业绩的情形；余东华、吕逸楠（2015）认为，战略性新兴产业政策的不当干预导致了产能过剩。王海、许冠南（2017）和韩超等（2016）更是将战略性新兴产业政

策效果的分析上升到对产业政策文本的研究上来，直接将不同类型的政策同产业发展实际联系起来考察。但依然并未触及到产业政策从制定到最终落实整个逻辑链条的上一环，即什么原因推动了产业政策的出台，制定之后政策通过何种方式作用到具体企业上，与研究产业政策效果的丰富成果相比，对该问题的研究并不充分。当然，通过对产业政策的效果分析为政策出台提供理论依据是回答该问题的常见思路。但对于方兴未艾的新兴产业来说，产业政策效果的不确定性为地方政府制定并推进产业政策的逻辑合理性带来了挑战，至少不能解释地方政府愿意推动产业政策的全部原因。

也有文献揭示了地方政府大力推进产业政策的动力源泉，比如韩超（2013）以新能源产业为例，结合全球产业竞争态势给出了战略性新兴产业政策扶持逻辑。但现有研究对该问题的分析大多采用案例或者间接方式推理，并不能体现普遍性和直观性，本书借鉴扩展的“保护待售”模型，将其置于中国情境下，刻画并再现了在制定产业政策时政企互动博弈过程；同时采用定量方法对企业的主观能动性进行了衡量，更全面地概括了企业为获取有利的产业政策所做出的努力。虽然地方政府受到中央政策号召推动产业政策的实施成为公众与媒体的共识，个别企业寻租“搞定”政府的案例也引发无数猜想，但地方政府响应中央政府号召并且与企业互动微观机理并不明确，相关实证文献也少有涉及。本书基于微观视角，探讨了地方政府推进产业政策的动力来源，考察了政府执行产业政策的力度对企业的影响，尝试对“政府官员产业政策决策机制是什么，受到哪些因素的影响，产业政策如何作用到微观企业”等问题做出回答。这不仅有助于人们理解地方政府行为逻辑背后的推动力，加深对政府与企业互动过程的理解，破解战略性新兴产业发展困局，丰富对中国情境下产业政策制定与决策的讨论，还能够为政府重新审视产业政策提供新的视角，为政府修正和完善现行政策提供更加科学的基础。

二、地方政府推进新兴产业政策的政策背景与动力来源

（一）政策背景

“解政府之急，借政府之力”正是地方政府与战略性新兴产业之间互动关系的写照，战略性新兴产业是在各类产业政策的支持下成长起来的。自2010年10月国家正式出台《国务院关于加快培育和发展战略性新兴产业的决定》后，各地陆续出台了关于促进战略性新兴产业发展的政策规章。按照立法主体划分，标题中带有战略性新兴产业的政策法规可以分为中央法规司法解释和地方法规规章两个层次。按照效力级别，中央法规司法解释包含4篇行政法规、19篇部门规章、2篇行业规定。时间跨度为2010—2018年。本书仅以地方法规规章作为研究对象进行分析。地方法规规章共有610篇，包含省级层面312篇、地级市层面298篇。①

地方政府推出战略性新兴产业政策的数量呈现出显著的地区差异。以省级层面出台的政策为例，广东省出台战略性新兴产业政策最多，高达70篇，位居第二的湖南省只有29篇，这与广东省作为改革开放前沿阵地的地位相匹配。位居第二梯队的是湖南省和甘肃省，后者为28篇。位于第三梯队的是上海市（19篇）、安徽省（16篇）、四川省（16篇）、福建省（12篇）、江苏省（12篇）、重庆市（12篇）、江西省（10篇），均在10篇以上，其余省份均在10篇以下。

图7－1展示了地方政府战略性新兴产业政策出台时间进程。在发布政策时间上，跨度为2009—2018年，2010年之后的两年政策发布比较密集，2012年不论是省级层面还是地级市层面均达到了政策出台数量的高峰。需

① 检索日期为2018年11月29日，检索结果剔除了7篇重复的地方法规规章。

要注意的是，尽管国家层面是2010年正式发布战略性新兴产业政策，但在2009年12月的中央经济工作会议时已有提及和讨论[①]，所以在2009年西安市出台了一篇战略性新兴产业政策。

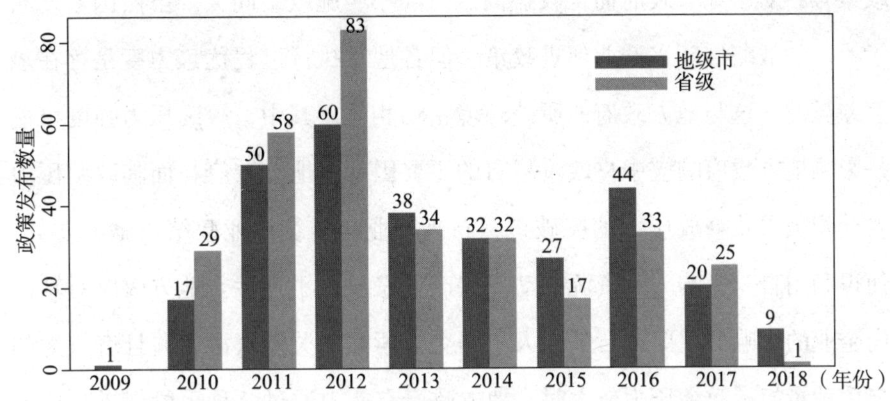

图7-1 地方政府战略性新兴产业政策出台时间进程

资料来源：作者基于stata软件绘制。

（二）动力来源

地方政府推动战略性新兴产业发展的三个动力：

一是政策号召产生的拉力。中央政府支持战略性新兴产业发展的政策意图，对地方政府推进战略性新兴产业政策具有强大的吸引力。一方面，推动政策尽快实施蕴含着体现政绩的机会。战略性新兴产业作为中央政策推动的新兴产业，在政绩能见度上要大于传统产业（耿曙、陈玮，2015），发展战略性新兴产业本身将是重要的政绩（余东华、吕逸楠，2015）。在政绩压力下，晋升激励促使年轻有希望的官员对产业政策推进力度加大。

① 实际早在2009年5月21日，时任国务院副总理李克强出席财政支持新能源与节能环保等新兴产业发展工作座谈会时提出，推动战略性新兴产业加快发展，这是国家领导人层面首次提出“战略性新兴产业”字眼。

另一方面，推动产业政策所承担的政治成本和风险很小。中央政策号召下，地方政府推动新兴产业实施的方针政策具有了合法性，为使用土地、金融支持和财政补贴等政策工具提供了充分的空间。因此，积极响应中央政策号召对于地方政府而言收益高、风险小、施政空间大。虽然国家发布了统一的战略性新兴产业促进政策，但各地在执行过程优惠力度是存在显著差异的，这与地方政府的所处环境密切相关。其中，政绩压力强度可能是影响地方政府响应中央政策号召的主要因素。地方政府在面临政绩压力时会积极寻找释放压力的突破口，新兴产业与传统产业政绩贡献的差异，使得利用自身影响力和资源推动新兴产业发展合乎理性。地方政府对辖区内企业的影响力主要源自掌握大量的企业所需的关键资源，并且有较大的自由裁量权。政绩压力较大时，地方政府有能力通过各种手段促进甚至迫使企业扩大投资，从而激发辖区企业特别是地方经济发展的重要力量对新兴产业的投资热情（徐业坤、李维安，2016）。

二是相关企业能动性产生的推力。随着改革的不断深入，政府与企业的庇护依附关系正逐步向市场导向的委托代理关系转变，政府完全主导企业的超经济强制亦向政府与企业相互调适的关系性合意转变（金太军、袁建军，2011）。企业的能动性不断凸显出来，企业在国家促进新兴产业发展的契机中，会通过各种方式影响政府获得额外的政策资源。一方面是直接对地方政府官员寻租，利用非正式关系获得额外资源获取机会，这就表现为企业增加非生产性支出（万华林、陈信元，2010；Wang 和 You，2012）。另一方面是采用间接的方式，配合地方政府的需要，尤其是在政府面临政绩压力的关键时刻合作，为政府排忧解难。作为对此的回报，地方政府会为企业带来更多的资源和便利（黎文靖等，2012；李四海等，2012）。通常来说，这种间接的能动性与相关行业的规模密切相关，而对于新兴产业来说，其规模的扩大本身就意味着对于政府需要的配合。因此，新兴产业的行业规模越大，新兴企业通过间接方式影响地方政府的能力越大，这种能动性体现越显著，最终可能会影响到地方政府对于新兴产业的关注支持程度。为方便做区分，本书将直接的能动性称之为企业社会资本，将间接的能动性用新兴产业规模来表示。

三是辖区社会福利需要的外部挤压。发展新兴产业是改善产业布局、优化税源结构、增加财政收入的有效途径。战略性新兴产业本身具有引领带动作用强的特点，其发展常常能够带来更多的社会福利，比如缓解传统产业衰落带来的大量失业问题、改善传统产业粗放式发展造成的辖区环境污染问题，这也决定了地方政府对新兴产业的积极态度。由于地方政府对于战略性新兴产业有强烈的依赖性，导致战略性新兴企业具有很高的议价能力，甚至出现了政府向企业的“反向寻租”（黄冬娅，2013）。在这种情形下，地方政府依然有意愿推进新兴产业发展，看中的正是战略性新兴产业的正外部效应。

三、政府补贴产业政策制定的政企博弈模型

以上梳理总结了可能影响地方政府推进战略性新兴产业发展的三大因素，但这三者是否都对政府推进战略性新兴产业产生影响？本部分试图建立政企互动模型，刻画产业政策制定过程中政府与企业之间的互动模式。Grossman 和 Helpman（1994）的“保护待售（protection for sale）”模型为此提供了分析基础，该模型开创性地提出了利益集团运用政治捐献购买政策的基本理论框架，通过求解均衡贸易政策，分析政策产出所受到的影响因素。更进一步地，王孝松等（2011）扩展了该模型。借鉴后者的模型框架，通过对模型设定的重新诠释与解读，本部分在地方政府既考虑政绩压力又考虑辖区整体福利的目标下，分析战略性新兴产业政策产出的过程。

（一）基本假设

1. 消费者行为

假设消费者偏好相同，目标是效用最大化，定义个人效用函数：

$$u(x)=x_0+\sum_{i=1}^{n}u_i(x_i)$$

其中，x_0 是基准商品的消费量，价格为1，x_i 是第 i 种商品的消费量。在效用最大化的条件下，$x_i=D_i(p_i)$。每个人的支出水平为 I，则

$$I=x_0+\sum_{i=1}^{n}p_iD_i(p_i)。\tag{7-1}$$

个人间接效用函数为：

$$V(p,I)=I+\sum_{i=1}^{n}u_i(D_i(p_i))-\sum_{i=1}^{n}p_iD_i(p_i)\tag{7-2}$$

2. 生产者行为

企业的生产函数为 $y_i=f_i(L_i,K_i)$，假设生产仅需投入劳动，且投入产出系数为1，因此利润为 $\pi_i(p_i)=\max[p_if_i(L_i,K_i)-L_i]$。根据 Hotelling 引理，可以得出每个企业的最优产量为 $y_i=\pi'_i(p_i)$。生产者分为战略性新兴企业与传统企业。政府选择政府补贴政策来影响新兴产业的收入分配。p_i^* 是政府未补贴的市场价格，t 是政府补贴（从价补贴），则政府补贴后的价格 $p_i=p_i^*-t$。新兴产业为与各级政府建立非正式关系，产生大量的非生产性支出，其支出水平随着政府实施的产业政策而定，用 $C_i(p)$ 表示。新兴产业以企业的福利最大化为目标。新兴企业根据自己的收益状况用脚投票，决定将厂址落户于该地还是其他地方。其对地方政府的“显示性”贡献如下：

$$\sum_{i\in S}\alpha_i[W_i(p)-W_i(p^*)-C_i(p)]\tag{7-3}$$

其中，α_i 表示第 i 个战略性新兴企业占当地 GDP 的比重。该式的含义是新兴产业通过非正式关系等推动相关产业政策的实施后，其所获得的收

益与没有产业政策支持时收益的差值。

经济中的所有人口为 N，M_i 为对新兴产品的需求量，用传统产品满足不了的消费量来表示，即 $M_i = ND_i - Y_i$，满足 $M'_i < 0$。此时，地方政府财政补贴支出为：

$$R(p) = \sum_{i=1}^{n} t_i M_i = \sum_{i=1}^{n} t_i [ND_i(p_i) - y_i(p_i)] \tag{7-4}$$

地方政府把这些财政支出用于补贴，其他用途得到的财政支出减少，相当于减少了每个人的收入。每个企业里特定资本所有者收入可以分为四个部分，单位工资收入、利润 $\pi_i(p_i)$、产业政策补贴消耗、消费者剩余。因此，对应这四个部分，个人的福利函数为：

$$V(p, 1) = 1 + \sum_{i=1}^{n} S_i \pi_i(p_i) - \sum_{i=1}^{n} t_i [D_i(p_i) - \frac{1}{N} y_i(p_i)] + \sum_{i=1}^{n} u_i(D_i(p_i)) - \sum_{i=1}^{n} p_i D_i(p_i) \tag{7-5}$$

其中，S_i 为个人在第 i 种商品生产的特定要素利润分配中所占的份额。

每个行业整体的福利函数 W_i 可以表示为：

$$W_i = l + \pi_i(p_i) - l\left[\sum_{i=1}^{n} t_i \left[D_i(p_i) - \frac{1}{N} y_i(p_i)\right]\right] + l\left[\sum_{i=1}^{n} u_i(D_i(p_i)) - \sum_{i=1}^{n} p_i D_i(p_i)\right] \tag{7-6}$$

其中 l 为该行业的人口数。

全社会的福利函数为：

$$W = N + \sum_{i=1}^{n} \pi_i(p_i) - \sum_{i=1}^{n} t_i [ND_i(p_i) - y_i(p_i)] + N\left[\sum_{i=1}^{n} u_i(D_i(p_i)) - \sum_{i=1}^{n} p_i D_i(p_i)\right] \tag{7-7}$$

3. 政府目标

地方政府在制定产业政策时，至少受到三个方面因素的影响：一是新兴产业落户本地的意愿程度或者对本地政府政绩显示的支持力度；二是自身从辖区内企业的非正式关系中获得利益的多少；三是辖区所有人的福利状况。因此，对应这三个部分，地方政府的目标函数为：

$$G = \sum_{i \in S} \alpha_i [W_i(p) - W_i(p^*) - C_i(p)] + \theta \sum_{i \in S} C_i(p_i) + \beta W \quad (7-8)$$

其中，参数β为政府赋予全社会福利的权重比例，$\beta \geqslant 0$。地方政府目标函数中可以分为自身利益与社会利益两个部分，两者此消彼长。因此，需要地方政府权衡两者。

（二）政府目标条件最大化条件下的最优产业政策

该博弈分为两个阶段：第一阶段，新兴企业花费非生产性支出，与政府建立非正式关系；第二阶段，政府在给定的寻租费用的基础上决定对商品的补贴水平，这样就决定了商品的价格。在政府目标最大化条件下，均衡的产业政策应该满足一阶条件：$\partial G/\partial p = 0$。而新兴企业愿意向政府进行寻租，必须也实现自身利益的最大化。因此，在制定决策时会使自身福利与政府福利同时达到最大化。$\partial(W_i(p) - C_i(p) + G)/\partial p = 0$。此时，达到了纳什均衡。

由此可得，$\nabla C_i^0(p^0) = \nabla W_i(p^0)$。 (7-9)

由政府利益最大化的一阶条件，即对（7-8）式求解一阶条件可得：

$$\theta \sum_{i \in S} \nabla W_i(p^0) + \nabla \sum_{i=S}^{n} \alpha_i W_i(p^0) - \sum_{i=S}^{n} \nabla \alpha_i W_i(p^0) + \beta \nabla W(p^0) = 0 \quad (7-10)$$

由（7-6）式可以求出产业政策变动对于各行业福利的边际影响，即：

$$\frac{\partial W_i}{\partial p_j} = (\delta_{ij} - \alpha_i) y_j(p_j) - \alpha_i t_j M'_j(p_j) \quad (7-11)$$

其中，δ_{ij}为指示变量，如果$i=j$，其值为1，否则为0。t_j表示第j种新兴产品的补贴额度，M_j表示第j种新兴产品的需求量，因为$M'_j(p_j)<0$，故补贴水平越高，新兴企业获得的福利越高。

进一步对（7－11）式加总，可得整个行业的政策变动边际影响：

$$\sum_{i \in S} \frac{\partial W_i}{\partial p_j} = (I_j - \alpha_S) y_j(p_j) - \alpha_S t_j M'_j(p_j) \qquad (7-12)$$

令$\sum_{i \in S} \delta_{ij} = I_j$，如果产业得到了强有力的中央政策号召，此时官员的政绩压力有释放的突破口，取值为1，反之为0。$\alpha_S = \sum_{i \in S} \alpha_i$为战略性新兴产业占当地GDP的比重。

通过对（7－6）式进行变换并求微分，可得：

$$\frac{\partial \sum_{i=1}^{n} \alpha_i W_i}{\partial p_j} = \alpha_j [(1-\alpha_j) y_j(p_j) - \alpha_j t_j M'_j(p_j)] \qquad (7-13)$$

$$\sum_{i \in S} \frac{\partial \alpha_i W_i}{\partial p_j} = \left(I_j \alpha_j - \sum_{k \in S} \alpha_k^2\right) y_j(p_j) - \sum_{k \in S} \alpha_k^2 * t_j M'_j(p_j) \qquad (7-14)$$

另外，根据（7－7）式可得：

$$\partial\ W / \partial\ p_j = -tM'_j(p_j) \qquad (7-15)$$

将（7－12）－（7－15）代入（7－10）式可解得均衡价格：

$$\frac{\gamma_i}{1+\gamma_i} = \frac{-(\theta - \alpha_i) I_i + \theta \alpha_S - \alpha_i - \sum_{j \neq i \in S} \alpha_j^2}{\alpha + \theta \alpha_S - \sum_{j \neq i \in S} \alpha_j^2} \cdot \frac{z_i^0}{e_i^0} \qquad (7-16)$$

其中，$r_i = t/p_i^*$为政府补贴率；$z_i^0 = y_i(p_i^0)/m_i(p_i^0)$为传统产品与新兴产品消费量之比；$e_i^0 = -m'_i(p_i^0) p_i^0 / m_i(p_i^0)$为需求价格弹性。通过分别对上式求偏导可得出以下三个命题：

政策号召力与产业政策之间的关系。可以分别令$I=0$与$I=1$，设定了传统产业与受到政策号召发展的新兴产业两种截然不同的情形。由此可得命题

1:战略性新兴产业政策推动取决于产业供给弹性、需求水平以及政策号召力。其中,中央政策号召力决定了地方政府对于新兴产业与传统产业的差别对待。

行业规模与产业政策之间的关系。关注 α_i 与均衡价格的关系。令 $I=1$,在(7-16)式中可以看出,式中不存在 α_i。令 $I=0$,α_i 对于均衡价格的影响依赖于其他变量。由此可得命题2:对于具有中央政策强力支持的战略性新兴产业来说,该行业获得的地方政府政策支持水平与其占 GDP 的比例无关,即新兴产业政策的推动与产业本身是否为支柱产业无关。另外,对于传统产业来说,其是否为支柱产业与其是否获得产业政策支持的关系不确定,视地方政府对于寻租和社会福利的重要程度而定。

社会福利与产业政策之间的关系。地方政府考虑自身利益最大化,会在获取企业非生产性支出增加自身收益与增加社会福利之间进行权衡,两者之间是此消彼长的关系。(7-16)式对于 θ 求偏导,可得命题3:对于战略性新兴产业而言,若地方政府是发展型政府,即赋予全社会福利较大的权重时,其获得产业政策支持的水平同 θ 负相关。当地方政府赋予全社会福利较低的权重时,其获得产业政策支持的水平同 θ 正相关。θ 表示了企业的非生产性支出对于各级政府的影响程度,其值越小表明1单位企业非生产性支出对地方政府影响越小。当是发展型地方政府时,更关注全社会福利,而不是为了获取更多自身利益。

四、政府补贴政策推进动机与企业反馈的实证研究

本部分采用两个层面的数据,即基于地级市层面的战略性新兴产业政策数据与基于微观企业层面的战略性新兴产业上市公司数据,对理论模型的结论进行实证验证。围绕“宏观上谁影响了新兴产业政策的出台数量——微观上政策出台数量如何作用于相关企业”的逻辑链条,本书采取的实证检验策略是:①基于地级市层面数据检验地方政府发布新兴产业政策数量的影响因

素，用于剖析产业政策与政策号召力、产业发展规模、社会福利等之间的关系；②基于战略性新兴产业上市公司层面的数据检验新兴产业政策支持力度的决定因素，用于分析产业政策数量影响具体企业的作用机制。

（一）数据来源

战略性新兴产业政策数量及政策发布时间数据来源于北大法宝法律法规检索系统。检索以“战略性新兴产业”为标题的法规规章，手工收集整理后，剔除了7篇重复的地方法规规章，最终获得中央法规司法解释等共25篇，地方法规规章610篇，其中具体到地级市层面的地方法规规章共298篇①。地级市层面所用到的数据均来源于各省级统计局《统计年鉴》《中国区域经济统计年鉴》和《中国城市统计年鉴》。上市公司数据主要来源于Wind资讯金融终端数据库，对部分数据依据公司年报进行了复核和补充。战略性新兴产业上市公司划分依据肖兴志、王伊攀（2014）的做法，选取平安证券行业分类中的“平安战略性新兴产业”上市公司划分作为依据。考虑到2010年国家正式发布战略性新兴产业政策，选取了2010—2016年3495家全部A股上市公司的财务数据样本，样本点13980个。实际回归分析中剔除了所需变量数据不全的样本。

（二）模型设定

验证地方政府发布战略性新兴产业政策数量的影响因素所采用的计量模型如下所示：

$$policy_{it} = \alpha_0 + \alpha_1 zhengji + \alpha_2 indsize_{it} + \alpha_3 fuli + \sum_{j=4} \alpha_j CONTROL + \varphi_i + \nu_{it} \tag{7-17}$$

① 检索日期为2018年11月29日。

验证战略性新兴产业政策支持力度的影响所采用的计量模型如下所示：

$$subsidy_{it} = \beta_0 + \beta_1 policy_{it} + \beta_2 DUP_{it} + \beta_3 policy\_ dup_{it} + \beta_4 rd_{it} + \sum_{k=5} \beta_k CONTROL + \eta_i + \mu_{it} \quad (7-18)$$

其中，i、t 分别代表不同的企业和时间年份，α、β 表示待估参数，ν_{it}、μ_{it}是随机扰动项。

（三）变量选择与描述统计

模型（17）中变量：被解释变量 *policy* 为战略性新兴产业政策数量，数据来源于北大法宝法律法规检索系统。在检验政策时滞时采用的被解释变量 *cndate* 为地方新兴产业政策出台时点距离国务院新兴产业政策的最近间隔天数。解释变量 *zhengji* 为官员响应政策号召的程度。该变量不容易直接衡量，但一般而言，中央政策的号召力传达是通过对官员考核制度来实现，官员政绩压力越大，对于政绩显示越急切，响应政策号召力度越大。官员面临的政绩压力与响应政策号召力度是正相关的，因此本书采用政绩压力用于间接衡量地方政府响应政策号召的程度。具体采用了三个指标进行检验，包括相对政绩压力 *ps*、辖区 GDP 年增长率 *ngdp* 以及两者的交叉项 *ngdp_ ps*。根据官员晋升机制的众多研究显示，对官员的考核更多地依赖于辖区经济发展状况。地区 GDP 增长率是最为常用的衡量辖区经济状况的指标，以此作为衡量绝对政绩压力的变量。同时，借鉴钱先航等（2011）处理方法，构造了相对政绩压力指标。首先将城市分为三个层级：普通城市、直辖市与副省级城市。对于普通城市而言，以地级市 GDP 作为权重，计算出同省份所有地级市的 GDP 年增长率加权平均值，以此为基准，如果该地级市 GDP 年增长率小于同省加权平均值，令 *ps* 为 1，反之令 *ps* 为 0。对于直辖市，以 4 个直辖市 GDP 年增长率的加权平均值作为基准进行比较；对于副省级城市，以 15 个副省级城市的 GDP 年增长率的加权平均值作为基准进行比较。GDP 年增长率处于同类别城市基准以下的地级市，面临较大的相对政绩压力。解释变量 *indsize* 用来衡量地级市辖区内战略性新兴产业规模。本书采用辖区上市公司数量占辖区规模以上企业数量占比 *shslzb*、辖区战略性新兴产业上市公司数量占辖区上市公司总量比值 *numseizb*、辖区新兴企业资产规模占辖区上市公司总资产规模比值 *sizeseizb* 三个变量来衡量。解释变量 *fuli* 用来衡量社会福利需要。社会福利从以下三个指标中观察：一是环保考量，废水废气排放量 *hb*1；二是就业率考量，制造业从业人数占总人口比例 *zzyrk*；三是土地财政考量，房地产投资占比 *fdczb*。

模型（18）中变量：被解释变量 *subsidy* 为政府补贴水平值；*DUP* 表示企业的非生产性支出，具体衡量方法见肖兴志和王伊攀（2014）；*policy_ dup*为政策数量与非生产性支出的交叉项；*rd* 为企业研发支出占主营业务之比；*tpolicy* 为政策数量年度累积值。除了上述主要变量外，还加入了以下控制变量：是否为国有企业的虚拟变量 *state*、企业利润总额 *lirun*、企业年龄 *age*、资产负债率 *lev*、员工人数 *yg*。同时设置 6 个行业虚拟变量 *industry*、5 个年度虚拟变量 *year*。

（四）基于地级市层面的新兴产业政策数量及时滞影响因素检验

表7－1 分别报告了以政策数量为被解释变量的模型（1）、（2）、（3），以政策发布时滞为被解释变量的模型（4）的回归结果。首先分析检验适用的回归模型。对于政策数量影响因素的检验，因为被解释变量政策数量是计数数据，故使用计数模型进行分析。常见的计数模型为泊松回归模型及负二项回归模型。泊松分布可以用于描述给定时间内某稀有事件发生的次数，其局限性是要求均等分散，即被解释变量的期望与方差相等。考察

政策发布数量的统计特征，发现政策发布数量样本的方差为3.27，样本均值为1.91，样本方差明显大于样本期望，存在过度分散的特点，因此模型（1）－（3）均采用负二项回归模型进行回归。回归后，观察三个模型 alpha 的95%置信区间分别为（1.04，1.33）（1.03，1.31）（1.03，1.31），均可在5%的显著性水平上拒绝过度分散参数 alpha 为0的原假设，故使用负二项回归模型是较为合理的。

对于回归结果的分析，对应博弈模型部分的三个命题，从三个方面来进行：

第一，政策号召力变量对于产业政策数量的影响。回归模型中体现政策号召力的影响因素为相对政绩压力 *ps*，辖区 GDP 年增长率 *ngdp* 以及两者的交叉项 *ngdp_ ps*。对模型（1）和模型（3）分析，发现这三个变量均不显著，这意味着当期的政绩压力并对当年新兴产业政策的发布数量影响不显著。考虑到官员晋升考核的实际情况，通常是依据上一年度的表现进行考核评价的，因此引入上一年度的相对政绩压力 *lps*、上一年度辖区 GDP 年增长率 *lngdp* 及交叉项 *lngdp_ lps*。通过模型（2）与模型（3），从绝对政绩压力的角度看，上一年度辖区 GDP 年增长率越低，发布新兴产业政策数量越多，这与我们的直觉相符。政府官员在面临绝对政绩压力时，倾向于通过发布新兴产业政策来谋求地方利益增长效率的最大化。具体而言，上一年度辖区 GDP 年增长率每降低一单位，发布新兴产业政策数量至少增加2.2个百分点。但从相对政绩压力的角度来看，上一年度的相对政绩压力 *lps* 却会减少新兴产业政策发布数量，可能是由于相对于庞大体量的传统产业，新兴产业政策对于短期内改善地区间的相对竞争形势作用较弱。两者的交叉项显著为正，表明上一年存在相对政绩压力的情况下，上一年度辖区 GDP 年增长率对于政策数量有正向影响。相对政绩压力下，如果上一年 GDP 增长率良好可以有更多的资源投入到促进新兴产业发展中去。在相对政绩压力下，发展新兴产业更多的是锦上添花，而不是雪中送炭。于津平、吴小康（2016）就指出，地方政府在制定产业政策时应考虑区域竞争的比较优势，过高或者过低估计战略性新兴产业的作用会损坏区域利益。综上，不论是从绝对政绩压力还是相对政绩压力来讲，都会对产业政策的发布数量产生显著的影响。这就证明了命题1：中央政策的号召力对于新兴产业政策的推动具有显著意义。

第二，行业规模对产业政策数量的影响。该部分用了辖区上市公司数量占辖区规模以上企业数量占比 *shslzb*、辖区战略性新兴产业上市公司数量占辖区上市公司总量比值 *numseizb*、辖区新兴企业资产规模占辖区上市公司总资产规模比值 *sizeseizb* 三个变量来衡量。后两者的方向均为负相关，但三个变量5%的显著性水平下均不显著。验证了命题2中关于新兴产业政策与其所在辖区规模不相关的结论。这表明新兴产业政策的推动并不是依赖于新兴产业在地方的具体贡献而定的，没有做到因地制宜。新兴产业政策的现行出台方式不利于充分发挥地方产业特色，这种一刀切式推行新兴产业政策势必会对政策实施的精准性、有效性产生负面影响。

第三，社会福利对产业政策数量的影响。社会福利从以下三个指标中观察：一是环保考量，废水废气排放量 *hb*1 对于新兴产业政策数量影响不显著；二是就业率考量，在模型（1）－（3）中，制造业从业人数占总人口比例 *zzyrk* 对新兴产业政策数量均有显著正向影响，制造业人口占比每升高1个单位，会使得新兴产业政策数量增加3.2个百分点，在1%的显著性水平下显著。这表明辖区就业率是地方政府推行新兴产业政策的重要考量，不难推断，拥有人数众多的制造业就业群体的地方，发展实体经济促进产业转型的愿望比较强烈；三是土地财政考量，房地产投资占比 *fdczb* 每增加1个单位，新兴产业政策出台数量会减少1.4～1.5个百分点，在1%的显著性水平下显著。房地产市场投资多少与地方政府土地财政收入有较强的正向关联。这意味着，土地财政收入较好的地方，对于地方政府推动产业政策缺乏激励。地方政府在土地市场中具有绝对的话语权，土地转化为财政收入是扩大财源的捷径，地方政府便失去了寻找其他财政收入来源的积极性（李郇等，2013）。这也从财政盈余的角度间接佐证了政绩压力对于产业政策推动的影响。综上所述，地方政府对于社会福利的考量比如就业率、房地产投资等会显著影响新兴产业政策出台的数量。

此外，在模型（1）-（3）的分析中，发现对比2010年，年度虚拟变量2011年、2012年显著为正，以后的年份均不显著，这与国家2010年正式出台《国务院关于加快培育和发展战略性新兴产业的决定》的时间节点相一致，地方战略性新兴政策在此后的三年内出台比较密集。进一步地，以地方新兴产业政策出台时点距离国务院新兴产业政策的时间间隔作为被解释变量，采用断尾回归模型分析了各地产业政策出台时滞的影响因素。结果显示，制造业人口占比以及新兴产业资产规模占比对于政策时滞有显著的缩短作用。制造业人口占比越高、新兴产业资产规模占比越大，地方政府出台政策越快。新兴产业上市公司数量占比越高，地方政府出台政策越慢，尽管只在10%显著性水平下显著，也可以部分看出地方政府出台政策的快慢更多的是基于经济规模而不是数量。

表7-1　政策数量及时滞影响因素检验

	模型（1）	模型（2）	模型（3）	模型（4）
	政策数量	政策数量	政策数量	政策时滞
ps	-0.1788		-0.0661	14.9655
	(-1.2966)		(-0.4586)	(0.3946)
ngdp	0.3074		0.8997	390.7672
	(0.3086)		(0.9035)	(1.4601)
ngdp_ ps	1.0015		0.5632	-211.8599
	(1.0200)		(0.5606)	(-0.8693)

续表

	模型（1）	模型（2）	模型（3）	模型（4）
	政策数量	政策数量	政策数量	政策时滞
lps		-0.4989***	-0.4652***	6.7115
		(-3.5543)	(-3.1282)	(0.1665)
lngdp		-2.1770***	-2.4586***	73.6433
		(-3.0588)	(-3.3065)	(0.3043)
lngdp_ lps		2.2355***	2.0044**	49.6938
	(2.6722)	(2.2952)	(0.1971)	
hb1	-0.0000	-0.0000	-0.0000	-0.0001
	(-1.5953)	(-1.6169)	(-1.6016)	(-1.4650)
zzyrk	3.2424***	3.2172***	3.2433***	-213.6481***
	(6.8455)	(7.0152)	(6.9121)	(-2.7941)
shslzb	-0.0140	0.1042	0.2501	-729.5466
	(-0.0057)	(0.0424)	(0.1015)	(-1.4253)
numseizb	-0.1590	-0.1628	-0.1887	170.0439*
	(-0.4140)	(-0.4308)	(-0.4978)	(1.8011)
sizeseizb	-0.4146	-0.4048	-0.3874	-167.2254**
	(-1.3028)	(-1.2896)	(-1.2243)	(-2.0672)
fdczb	-1.4594***	-1.4281***	-1.5230***	-110.7585
	(-3.2143)	(-3.0794)	(-3.3036)	(-1.1880)
citylevel	Yes	Yes	Yes	Yes
year	Yes	Yes	Yes	Yes
样本量	1717	1717	1717	205

注：表中数据为回归系数，括号内数值为 t 值，*、**、*** 分别代表显著性水平为 0.10、0.05、0.01。

资料来源：作者基于 stata 软件估计得到。

（五）基于战略性新兴产业上市公司层面的政策支持力度影响因素检验

表 7-2 报告了地方政府战略性新兴产业政策对于新兴企业支持力度的影响因素，模型（5）-（6）、模型（9）-（10）是以当期的政府补贴作为被解释变量，模型(7) -（8）以上一期政府补贴作为被解释变量。从

中可以得出如下结论：

首先，除了模型（10）外，其余模型均可观察到企业非生产性支出 *DUP* 对于企业获得政府补贴的正向作用。企业非生产性支出每增加 1 个单位，最少可多获得 2.6 个、最高可多获得 6.1 个单位的政府补贴。不论是新兴企业还是传统企业，企业的能动性对于获取政府补贴的影响很大。这反映出了企业“购买”政府产业政策的倾向。

其次，不论采用当期还是上一期的政府补贴作为被解释变量，新兴产业政策数量 *policy* 对于政策支持力度的影响在 5% 的显著性水平下均不显著。这表明现有数据无法证明政策出台数量与政策实施力度的直接关联。这与李胜会和刘金英（2015）提出的战略性新兴产业政策总体是非失败政策的观点相一致，新兴产业政策优惠变量没有表现出负向作用，是否出台产业政策对战略性新兴产业发展没有显著影响。

最后，企业通过非生产性支出获取政策支持的作用发挥受制于政府出台新兴产业政策数量。对新兴企业分组而言，当期政策出台数量与企业非生产性支出的交叉项 *policy_ dup* 显著为负，表明当期出台政策数量越多，新兴产业通过非生产性支出获取补贴的非正式渠道作用就越小。传统产业分组回归中没有发现类似机制。这与直觉相符合，当年政策出台数量越多，新兴产业受到政策支持越规范，企业非正式渠道获取政府补贴的空间越小。但出乎意料的是，政策累积数量与非生产性支出的交叉项 *tpolicy_ dup* 在 1% 的显著性水平下显著为正，表明政策数量累积效对新兴产业和传统产业无差别地激发了非正式渠道获取政府补贴的正向作用。这可能是由于多年政策数量累积导致了产业政策名目繁杂、涉及部门利益交叉、政策文件指向性不清的问题，给了传统企业为获取政府补贴进行操纵的空间。

表 7－2　政策支持力度的影响因素检验

	（5）传统产业	（6）新兴产业	（7）传统产业	（8）新兴产业	（9）传统产业	（10）新兴产业
policy	0. 2427	0. 5125	0. 5562 *	0. 4742	0. 3439	0. 4198
	（0. 6704）	（0. 8233）	（0. 7976）	（1. 7800）	（0. 9023）	（1. 0547）
DUP	4. 2738 ***	6. 0590 ***	2. 5760 ***	5. 6075 ***	3. 5551 ***	－3. 3744 ***
	（－7. 3178）	（16. 1279）	（16. 3381）	（6. 9669）	（18. 3193）	（11. 0219）
policy_dup	0. 0120	－0. 1081 ***	－0. 0934	－0. 5541 ***	0. 0431	－0. 1646 ***
	（－5. 0044）	（0. 1456）	（－2. 8776）	（－1. 0974）	（－17. 8100）	（0. 5186）
tpolicy					0. 0027	－0. 2530
	（－1. 5134）					（0. 0245）
tpolicy_dup					0. 0656 ***	0. 5111 ***
	（28. 7420）					（3. 9264）
rd	－0. 0222	0. 9016 **	－0. 0345	0. 1987	－0. 0151	0. 8213 **
	（－0. 1076）	（2. 0269）	（－0. 1615）	（0. 5449）	（－0. 0735）	（2. 1129）
policy_rd	0. 0174	－0. 0462	0. 0308	－0. 0045	0. 0145	－0. 0241
	（0. 5916）	（－0. 7181）	（1. 0135）	（－0. 0865）	（0. 4947）	（－0. 4280）
policy_state	－1. 3865 ***	－0. 9727	－2. 0543 ***	－0. 7830	－1. 3073 **	－1. 4523 *
	（－2. 7267）	（－1. 1404）	（－3. 8541）	（－1. 1255）	（－2. 5642）	（－1. 9452）
age	2. 6421 ***	2. 0486 ***	3. 9919 ***	2. 1009 ***	2. 4907 ***	3. 3200 ***
	（6. 7208）	（2. 7712）	（9. 6982）	（3. 4837）	（4. 9748）	（4. 0700）
lev	0. 0021	－0. 3010 **	－0. 0094	－0. 3519 ***	－0. 0043	－0. 1562
	（0. 0384）	（－2. 3707）	（－0. 1641）	（－3. 4045）	（－0. 0796）	（－1. 4070）
lilun	－0. 0015 **	0. 0112 ***	－0. 0071 ***	0. 0069 ***	－0. 0017 ***	0. 0110 ***
	（－2. 5276）	（6. 4521）	（－11. 1492）	（4. 9026）	（－2. 8379）	（7. 2697）
yg	0. 0011 ***	0. 0061 ***	0. 0001	0. 0067 ***	0. 0010 ***	0. 0027 ***
	（5. 0393）	（22. 3133）	（0. 2890）	（30. 1349）	（4. 9522）	（10. 0231）
year	Yes	Yes	Yes	Yes	Yes	Yes
样本量	12988	3142	12172	3130	12988	3142

注：表中数据为变量的回归系数，括号内数值为 t 值，*、**、*** 分别代表显著性水平为 0. 10、0. 05、0. 01。

资料来源：作者基于 stata 软件估计得到。

五、本章小结

本书主要关注政策号召、新兴企业能动性与社会福利需要是如何影响战略性新兴产业政策推进的。首先，借鉴“保护待售”模型进行机理分析，刻画了政府既考虑政绩压力又考虑辖区整体福利的情形下，政府如何权衡两者推出均衡的新兴产业政策。在中国情境下重新诠释了政府官员产业政策决策模型，系统考察了政府与企业之间的互动过程，揭示了产业政策内生决定过程。随后，基于“宏观上谁影响了新兴产业政策的出台数量——微观上新兴产业政策出台数量如何作用于企业”的逻辑思路，从两个维度展开实证检验：一是基于地级市层面的数据检验了政策发布数量与政策时滞的影响因素，二是基于战略性新兴产业上市公司的数据检验了政策支持力度的影响因素。研究发现，战略性新兴产业的政策推进主要取决于中央政策号召、企业社会资本影响以及社会福利需要；政府发布新兴产业政策数量与新兴产业占经济规模的比重无关，而是依赖于政绩压力传导产生的政策号召力；新兴产业的支持力度与政策数量无直接关系，与企业寻租支出正相关，当期政策数量增多会压缩正向关联程度。这反映出在当前环境下产业政策的推进主要靠政策号召，新兴企业对地方的经济贡献难以依靠自身立足，地方政府内在激励不足。强力推行产业政策可能会加剧政企之间的双向寻租。基于上述研究结论，提出以下政策建议：

首先，应当重新审视产业政策，改变政策推行方式，鼓励地方发挥自身优势推出特色产业。文中实证检验表明，在绝对政绩压力下政府会多出台新兴产业政策，而在相对政绩压力下辖区经济形势不好又会减少新兴产业政策出台。政绩压力传导下的政策号召力成为新兴产业政策出台的主要考量，新兴产业政策的出台有急功近利的倾向，这会导致各地新兴产业出现高度同质化、低端化发展的问题，与中央制定战略性新兴产业政策初衷相悖。应当根据地域产业特征制定差异化标准，利用好地区独特的资源禀赋，寻找传统产业与新兴产业互动耦合模式，既淘汰部分落后产能，又要利用好传统产业的基础，而不是一刀切地推出战略性新兴产业政策作为地方政府绝对政绩压力下的泄压阀。

其次，细化新兴产业的划分标准，增强对新兴产业关注的持续性，在支持其快速发展的同时引导其规范发展，防止政府补贴滥用的扩大化。文中实证部分发现当期政策数量增加，促使支持政策更加规范化，可有效压缩企业利用非生产性支出获得政府补贴的空间。2018 年 11 月 7 日国家统计局公布的《战略性新兴产业分类（2018）》正是体现了规范化发展的思路，后续应规范战略性新兴产业认定，建立及时更新的认定动态机制，防止虚假借壳包装而非真正转型升级的企业滥用补贴，同时将认定机制与动态补贴机制联动，在发展成熟领域探索逐步退出补贴，切实加强补贴使用的有效性，规避企业寻租。实现企业自身发展为主，政策扶持为辅的良性发展模式。

最后，推行新兴产业政策过程中，考虑政策的协同效应，加强对于社会福利类指标的考核。文中实证表明，对于就业率和土地财政等涉及社会福利的变量在很大程度上会影响政府出台产业政策的数量。产业政策与社会福利之间并不矛盾，在官员晋升考核当中加大社会福利比重并不会妨碍新兴产业政策的出台和实施。实际上恰恰相反，对社会福利的考量越多，政府对新兴产业的重视程度越高。

本书基于政企互动的视角，剖析了战略性新兴产业政策制定过程中的影响因素，并考察了实施过程中政策的传导路径。实证检验部分采用文本分析方法，对政策制度进行定量化处理，系统梳理了政策出台数量差异，试图揭开政策制定黑箱，为有效推动新兴产业提供经验支持。当然，本书也存在一些不足，如政策文本的收集还比较粗略，仅整理了标题含有战略性新兴产业的政策，并没有做到全文搜索关键词，这也是未来进一步细化研究的方向。

第八章

研究结论、政策建议与研究展望

在前面的章节采用了正向叙述方式，按照“为什么要补贴——应该怎样补贴——补贴的效果如何——如何规避出现的问题”的思路组织了全文，该部分为了凸显研究结论，采用“先提出整体结论，再回顾所做的工作给出解释，最后给出政策建议”的思路进行。

一、研究结论

战略性新兴产业政府补贴在政策设计和企业反馈上来看，可以概括为“整体有效、问题并存”。总结全文所做的工作，具体论述如下：

1. 战略性新兴产业政府补贴在整体上对于促进创新是有效的

从补贴对象选择上来看，政府补贴被较多地应用于促进创新上。第四章表明国有企业与非国有企业之间获得补贴的差异更多地可由诸如企业规模、创新积累等禀赋特征所解释，产权歧视并不明显。这表明从政府补贴对象选择上，与产权性质相比，企业创新是更为重要的考察指标。第六章也表明企业研发创新可以显著为企业带来更多的补贴。

从政府补贴动机来看，企业创新能力作为促进经济增长的主要动力，地方政府对其比较重视。第五章的研究结论表明，亏损企业需要粉饰业绩时，政府对其创新能力要求更高。地方政府衡量企业粉饰业绩需求与创新能力时，将两者视为互补关系，而不是替代关系。这表明政府补贴可以起到促进企业创新的功能。

从企业反馈信息上来看，政府补贴可以促进企业研发投资的积极性。第三章在验证政府补贴的效果时，发现整体上政府补贴促进了企业的研发投资力度。

综上，从三个角度的实证检验都可以得出战略性新兴产业在整体上是有效的。

2. 战略性新兴产业补贴资金并未完全用在“刀刃”上

整体效果的显著并不能排除问题的存在。基于对“政府补贴被用于粉饰业绩”和“部分企业通过寻租获取政府补贴”这两个热点问题的关切，第五章和第六章分别对这两个问题进行了探讨。得出结论认为，问题确实存在，政府补贴并未完全用在“刀刃”上，影响了政府补贴效果的发挥。

第五章通过构建一个政府与企业共同参与的理论模型，假设有粉饰业绩需求的企业有更多的权力寻租机会即寻租效应，有粉饰业绩需求的企业更愿意对政府讲真话即信息效应，在两个效应的基础上，探讨了地方政府官员“促增长、保稳定”和个人寻租等利益诉求是否扭曲了政府补贴动机，重点阐释了其在促进企业创新和协助企业粉饰业绩之间的权衡。利用中国战略性新兴产业 254 家上市公司 2007—2012 年的面板数据，对政府补贴、受补贴企业的特征之间的相关性进行了实证检验，以此来分析政府补贴的用途。结果显示，①企业的创新能力和盈余管理的需求情况共同影响了企业获得政府补贴的数额；②对有盈余管理需求的企业，创新支出与政府补贴有更强的相关性并且粉饰业绩需要的资金越多，政府补贴越高，说明粉饰业绩需求和创新能力是互补关系，而不是替代关系。③与此同时，在有盈余管理需求的企业中，企业亏损越高，获得的补贴越多，并且在采用倾向匹配评分方法控制了企业的创新能力后，在其他条件相同的情况下，有盈余管理需求为企业获得政府补贴带来了显著的正向效果，表明企业有盈余管理需求能显著改善企业获取补贴的程度。这表明政府在选择补贴对象和补贴程度时兼有促进企业创新和协助企业粉饰业绩两种动机，并不是单纯偏取其一。同时佐证了在战略性新兴产业中，促进企业创新是政府补贴政策考虑的重要因素，但也存在协助上市公司粉饰业绩问题，并未完全用在“刀刃”上。政府补贴作为一项至关重要的产业政策，本应用于促进企业创新的政府补贴用于协助亏损企业来粉饰业绩是一种政策扭曲的现象，会阻碍资源的合理配置，损害公平的市场竞争环境，降低市场竞争机制的有效性。这些问题亟须引起高度重视。

第六章利用 Hotelling 纵向差异模型，刻画了在资源有限且面对大量政府补贴的情形下，企业如何在社会资本投资和研发创新投资之间进行决策，通过设置“参与者有份”和“赢者通吃”两种补贴规则，重点考察了政府补贴对企业投资方向的影响，并利用战略性新兴产业 254 家上市公司数据进行了实证检验，揭示了市场和政府的双重失效是造成当前企业热衷于社会资本投资而不是研发创新投资的根源。具体结论如下：①政府的自由裁量权过大是造成企业热衷于社会资本投资的原因，而非市场竞争，表明寻租利益分配更倾向于“参与者有份”规则，这容易造成政府补贴“撒胡椒面”，制约政府补贴效果的发挥。②市场需求增大会减少企业的社会资本投资，但目前新产品相关配套建设乏力影响了市场需求。③企业社会资本投入有利于企业获取政府补贴，进行社会资本投资的企业比同等条件下无此投资的企业多获取 42% 的政府补贴，并且企业社会资本投资减弱了政府补贴鼓励创新的效果，表明企业社会资本投资的背后隐藏着基于政府补贴的寻租。原本为解决市场失效的政府补贴，却扭曲了企业的投资行为，影响了战略性新兴产业的良性发展。

3. 战略性新兴产业政府补贴未发挥预期效果的原因分析

（1）政府补贴方式不灵活。政府补贴更多地采用供给侧补贴方式，对不同产业、不同创新程度未能做到区别对待，未能充分发挥多种补贴方式相结合的优势。第二章在纵向差异化 Hotelling 模型的基础上，通过建立三阶段的博弈模型，分别考察了研发补贴与产品补贴两种不同的补贴方式对于研发竞争格局的影响。结果表明，研发补贴不会影响竞争企业间的市场份额，但会促进企业增加研发投入；产品补贴对企业的市场份额有影响，对于尖端技术的促进作用不大，但可以提高传统产业的技术水平；产品补贴率越高，对质量定位较低的企业的拓展市场份额越有利。从而得出结论认为，企业的研发补贴会促进研发费用的增加，有利于新兴产业的发展；但对于转型包袱重，从传统企业转型到战略性新兴产业的企业而言，适当的产品补贴有利于实现新旧技术交替的平稳过渡。另外，从理论上讲，消费侧的补贴能够帮助企业的新产品打开市场，为企业最终依赖市场进行发展做好铺垫，这是消费侧补贴的显著优点。但是在战略性新兴产业政府补贴实践过程中，消费侧的补贴应用范围比较小。

（2）政府补贴过程中对小微企业的扶持力度不够。针对政府补贴对象选择问题，通常有三种假设：产权偏好、企业规模偏好、政治关联偏好。第四章分析了政府补贴的产权偏好和企业规模偏好，利用战略性新兴产业上市公司数据对其进行了实证检验，并从促进创新效果的角度对偏好合理性进行了评价。第六章通过定量分析的方式分析了与政治关联具有类似效果的直接寻租，表明确实存在寻租获取补贴的现象。结果表明：政府补贴的国有产权偏好并不明显，背后的企业规模偏好更为明显。从事实描述性统计来看，虽然从绝对值上对国有企业的补贴更多，但这更多是基于企业规模，去掉企业规模的影响后民营企业获得的相对补贴程度更高。基于

Blinder - Oaxaca 回归分解方法的实证检验中也发现，企业规模等禀赋特征可以解释 71.1% 的政府补贴差异，但是国有产权性质等禀赋部分不可解释部分仅占 28.9%。在对偏好合理性评价中发现，在国有企业和民营企业之间，国有企业对于政府激励的反应更为灵敏，民营企业的决策较为谨慎；对中央国有企业和地方国有企业来说，地方国有企业对政府激励反应更灵敏。对此我们给出可能的解释是国有企业和民营企业之间的差别是由于政府激励的导向效应造成的；中央国有企业与地方国有企业之间的差别是由于规模稀释效应造成的，即中央国有企业的规模优势大大地消减了补贴的作用。根据这一假设，运用面板门限回归进一步证实了企业规模越大，政府补贴的效果越难以发挥。这就表明在补贴过程中不必纠结于产权属性，而是纠正对于大规模企业的偏好，加大对小微型企业的支持。

（3）地方上市公司亏损的责任错位，地方政府有协助亏损企业粉饰业绩的意愿。本地上市公司业绩越好，地方政府则可以在不增加公共支出的情况下获得更多的新投资，享受更高的经济增长；反之，若上市公司由于经营不善亏损，地方政府则无法获得上述收益。而更糟糕的现实是，本应该由亏损企业自己承担的责任，却转嫁到了地方政府头上，这就造成了责任错位。究其原因，地方政府的利益目标的实现依赖于企业，加上部分上市公司确实是地方龙头企业，具有技术、产业创新和发展的领先优势，因此使得地方政府萌生了保护本地企业的倾向。而这种政府对经济的过度干预，反过来又造成了企业的过度依赖，从长远来看，不利于激发企业自身的创新能力。

（4）地方政府在补贴的发放上具有很大的支配决定权，相对过高的自由裁量权为政府官员提供了寻租空间。中国正处于经济和社会的转轨时期，许多项目需要政府的扶持和引导，因此地方政府掌握有大量的各种补贴资金。地方政府在补贴的发放上具有很大的支配决定权，权力监督的缺失又造成资源配置不透明。企业有动力通过寻租从政府手中得到额外的利益，地方政府也因此从中获利，并且在企业出现亏损有粉饰业绩需求时，地方政府具有获得更多“租金”的可能性，扩大了政府权力寻租空间。

（5）战略性新兴产业企业的发展还未完全实现独立经营，过度依赖政府政策。战略性新兴产业的健康发展应以企业为主体的，政府在其中起引导作用。但有些产业，比如光伏产业，在企业经营中过度依赖政府的补贴政策，自身竞争力薄弱，一旦失去政府补贴，其生存就难以为继。产业的发展不能仅依赖政府政策，还需要各方面的共同努力。政府通过“援助之手”将战略性新兴产业“扶上马送一程”，企业也应尽快摆脱政策依赖，加强自身竞争力，在良性竞争中发展壮大。越贴近市场的政府补贴，扭曲竞争的风险就越大。

（6）政府补贴过于关注具体技术，而对创造创新机会和提供创新环境等外部平台建设的作用不显著。虽然 R&D 很重要，但仅仅是创新过程的一个要素。一项新发明的商业成功和产业转化依赖于企业内部和外部的多种因素的集合，比如内部制度和外部机会。如果这些条件不具备或者表现不好，企业在转化研发成果时就会遇到障碍。政府补贴不能仅仅关注 R&D，还应该对于那些对技术发明的商业转化非常重要的创新行为予以支持。

二、政策建议

1. 明确政府与企业的职能划分，纠正地方上市公司亏损责任错位，从源头上根除地方政府协助企业粉饰业绩的动机。政府在战略性新兴产业的发展中，既不能无所作为，也不能过度干预。在市场经济体制下，企业的发展主要依靠市场“看不见的手”发挥作用，但也需要政府的“援助之手”发挥弥补市场失灵的作用。地方上市公司亏损责任错位的根源，在于对地方政府以经济为主导的政绩考核方式，地方政绩思维促使政府协助上市公司“保壳”与扮靓业绩。应建立更加多元化的考核方式，可将是否进行了低效率的政府补贴支出纳入政府业绩考核中来，从源头上根除地方政府协助企业粉饰业绩的动机。随着研发变得更有竞争力，更普遍，战略性新兴产业形成了技术交易市场，标志着市场作为主要驱动力的地位的加强。鉴于市场失灵程度和境况的变化，政府的角色需要适时调整、重新定位。比如政府补贴对于旨在商业应用的研发的必要性减弱，更应该关注基础研发。政策制定者应该依据创新参与者对于研发的不同贡献重新考虑分配资源的方式。

2. 细化政府补贴对象选择标准，降低地方政府在补贴对象选择上过高的自由裁量权。目前，国家层面出台的关于补贴的政策大多属于纲领性文件，而更多的细则制定和具体实施由地方政府决定，这样地方政府在补贴对象选择上具有相对过高的自由裁量权。不过，这种情况也在发生变化，国家层面的政策在逐步推进和细化，如2013年9月出台的《关于继续开展新能源汽车推广应用工作的通知》，与上一轮补贴政策相比，补助对象和标准等多方面都有明显调整和变化，其中规定补助资金直接发放至新能源汽车生产企业，绕开了上一轮政策“补贴资金由车企销售行为发生所在地政府发放”，这就减少了企业通过向地方政府寻租获取补贴可能性，也很大程度上破除了地方政府的保护主义倾向。但是其他行业的补贴政策还没看到这种变化。因此有必要从国家层面的政策上降低地方政府在补贴对象选择上过高的自由裁量权，强化对违反政府补贴政策法规的刚性约束。

3. 切实转变政府补贴重心，从着重补贴企业转向着力建设配套设施，使新兴产品更好更快地适应市场，为企业从市场获利创造条件，从而减少资源流向社会资本投资。由于产品的市场需求会显著负向影响企业的社会资本投资程度，对创新的引导应该考虑市场需求的拉动作用。以往的政策往往更加重视通过技术创新驱动产业内生增长，对企业进行补贴，但战略性新兴产业的需求状况、消费者接受程度也是决定产业能否顺利发展的必要条件。由于战略性新兴产业处于发展的初期阶段，消费者的需求处于较低端水平，加之路径依赖问题，对新兴产品需求量相对较小，市场存在较为严重的产销脱节现象，因此应该转变政府补贴的重点，由供给侧激励转向需求侧引导。引导的着力点在于破除对传统产品的路径依赖，建设新兴产品的市场配套，清除新兴产品推广的外部障碍，同时要防范可能的滥用。2009 年启动的“十城千辆”工程未能达到预期目标，配套基础设施建设未能满足消费者“方便快捷”的需求是原因之一 。政府的优势是可以集中力量进行多部门协作和大规模投资，从而使新技术迅速转化为生产力，劣势是对技术不熟悉，因此政府应当扬长避短，把技术路线的确立交给市场，而在推广和市场配套建设上给予企业支持，集中资金优先解决具有外部性的公共设施和服务。政府可以通过政府采购、建立示范园区、对消费者进行补贴等手段让新产品和新技术被更多的消费者了解和接受，激发市场需求。除了这些传统手段之外，政府还可以将战略性新兴产业的基础设施建设如智能电网、物联网、电动力充电站等纳入城市建设发展的总体规划中，以此来帮助企业加快突破市场瓶颈。

4. 加强政府补贴信息披露力度，压缩政府的权力寻租空间，规避政府利用补贴协助企业粉饰业绩。充分披露企业可以获取补贴的条件、拿到补贴企业的情况、补贴金额和企业使用情况，接受社会大众的监督，加强对政府补贴的外部审计，杜绝模糊地带和“灰色”操作。对于地方政府滥用补贴政策的行为予以打击，以维护公平的市场竞争环境。从目前会计准则要求披露的政府补助事项来看，披露的程度应该施加硬性规定。

5. 完善补贴资金监管机制，进一步明确政府补贴的应用范围，监督企业切实将政府补贴用于创新。目前，政府对企业的补助关注的重点集中在补贴决策的前期，即是否补贴与补贴多少，但疏于对补贴效果的后期评估，这样就使得企业积极申请补贴，但对使用的效果不予关注。针对这些问题，可以建立企业的补贴档案，对企业之前接受过的补贴的使用情况进行评价和审核，以此作为决定是否对企业进行新一轮补贴的依据。若发现其业绩表现与所获补贴金额反差较大时，则应加强对企业创新能力的审核，以确保补贴用于创新，而不是为其经营亏损买单。对于与事前释放的创新能力信号不一致的企业，可以中止对其补贴。

6. 探索政府补贴的逐步退出机制，创新激励方式，激活企业的内在动力。政府补贴作为战略性新兴产业扶持政策的重要手段，重点在于培育初期的引导作用，随着战略性新兴产业的深入发展，需要逐步退出，发挥市场的主导力量。政府补贴的逐步减少可以依据产业发展状况如产业产能、技术发展程度等相机抉择。对于激励方式的选择，不能仅仅依赖政府补贴的方式，可以摸索多种方式相组合。比如，政府购买目录中充分考虑高科技产品,[①] 加强知识产权保护等方式。

三、研究展望

本书在梳理和总结战略性新兴产业政府补贴的正负效应的基础上，从政府补贴的方式、对象选择偏好、效果以及政企互动反应等多个角度切入，较为全面地探析了关于政府补贴中引起广泛关注的问题。但是还存在着诸多问题值得进一步研究。

1. 政府补贴退出机制中的影响问题

现有文献研究表明，政府补贴政策的稳定性和持久性是保证激励作用有效发挥的前提（朱平芳、徐伟民，2003）。但是，随着战略性新兴产业

---

① Slavtchev 和 Wiederhold（2014）阐述了政府采购高科技产品提高整个创新系统的回报率，从而激励更多的企业研发活动支出的机理，并以美国联邦采购数据进行了实证检验，表明政府对高新产业的采购确实有效激励了企业创新。

发展渡过培育期进入发展期新阶段后，政府补贴政策必然面临退出的问题。补贴时间长度和力度的选择和设计是政策制定者关心的问题。然而，对于补贴的退出方式的研究还比较匮乏。本书在前面简要介绍了政府补贴增加是一次性到位还是渐进性多次进行对人们的影响效应，作为借鉴，政府补贴减少是一次性到位还是渐进性减少对企业的影响效应还需要考察。目前采用的方式是逐步退出，但这种方式是否合理，造成的影响如何还缺乏理论指导。

2. 政府补贴对于企业间研发合作的影响研究

本书主要关注研发对于单个企业的激励效果，并未分析对于企业创新联盟的影响。实际上，在目前创新专业化程度越来越高，创新领域的划分越来越细，仅凭企业自身难以应付创新知识的快速增长。组建企业创新联盟成为企业应对外溢性和风险性的选择。企业间通过合作来分担成本和风险，在研发上互为补充，企业间的合作地变得越来越普遍。政府补贴对于单一主体的影响可以直观地考察，但是对于创新联盟整体的影响，比如联盟内部的补贴分配与联盟的稳定性还有待考察。另外，政府补贴和研发合作具有相同的一项作用是降低了企业独自面对的成本，可能存在替代效应，同时，研发合作能够提升研发成功的概率，在政府促进产学研联盟的背景下能够获取更多的补贴，表现为互补效应，因此政府补贴对于研发合作的影响变得不再直观，有待进一步探讨。

3. 政府补贴对于不同类型创新的激励效果差异研究

本书主要从创新投入的角度衡量创新程度，而对创新产出关注较少，并且没有区分创新的类型。实际上，创新补贴对于不同类型的创新，比如渐进式创新与突变式创新，激励效果是不同的。Mathias（2014）研究指出，政府补贴会激励创新投入增加，但是从创新产出上看，仅对突变式创新具有显著效果。鉴于突变式创新的高风险性，政府补贴政策是否抬高了企业的经营风险，对企业长期发展是否有利是值得关注的问题。

4. 其他信号模式对于政府补贴的影响效应分析

在本书中，无论是考察政府动机时企业的盈余管理需要，还是探究企业寻租动因时企业的社会资本支出，从本质上讲是企业为了获取政府补贴向政府释放的关于企业的信号，前者是需要帮助的信号，后者是值得帮助的信号。但是，释放信号的方式有许多种，比如通过关于企业或者企业家的正面新闻报道、大量的广告投入、增加企业规模扩大产能来释放信号。这些释放信号的模式之间有相同的目标，但政府补贴发放部门对这些信号的反应则可能存在差异，其中的机理和影响路径也不甚清晰。对于众说纷纭或者众所周知的现象，尚未得到更多的实证检验和可靠分析。

附　录

附录1　2012－2013年部分政府补贴政策一览表

名　称	编　号	时　间	说　明
关于印发《节能技术改造财政奖励资金管理办法》的通知	财建〔2011〕367号	2011年6月21日	中央财政将继续安排专项资金，采取“以奖代补”方式，对企业实施节能技术改造给予适当支持和奖励
关于印发《可再生能源电价附加补助资金管理暂行办法》的通知	财建〔2012〕102号	2012年3月14日	为促进可再生能源开发利用，规范可再生能源电价附加资金管理，制定了本办法
关于印发《物联网发展专项资金管理暂行办法》的通知	财企〔2012〕225号	2012年8月17日	为加强物联网发展专项资金的使用管理，促进物联网健康发展，对《物联网发展专项资金管理暂行办法》做修改
关于组织开展新能源汽车产业技术创新工程的通知	财建〔2012〕780号	2012年9月20日	中央财政从节能减排专项资金中安排部分资金，支持新能源汽车产业技术创新
关于出台页岩气开发利用补贴政策的通知	财建〔2012〕847号	2012年11月1日	中央财政对页岩气开采企业给予补贴，2012—2015年的补贴标准为0.4元/立方米，补贴标准将根据页岩气产业发展情况予以调整
关于下达秸秆能源化利用财政补助资金预算指标的通知	财建〔2012〕996号	2012年11月30日	补助资金总计21343万元，其中，黑龙江省最高，为6726万元
关于预拨2012年可再生能源电价附加补助资金的通知	财建〔2012〕1068号	2012年12月12日	补助总计1481139万元，其中风力发电931448万元，太阳能发电243279万元，生物质发电305512万元

续表

名 称	编 号	时 间	说 明
关于停止节能家电补贴推广政策的通知	财建〔2013〕210号	2013年5月27日	从2013年6月1日起，消费者购买空调、平板电视、电冰箱、洗衣机、热水器五类高效节能家电不再享受中央财政补贴政策
关于2013年度中欧中小企业节能减排科研合作资金项目立项的通知	国科发外〔2013〕485号	2013年6月4日	中央财政预算计划安排资金4000万元。其中研发项目17项，计划安排资金3960万元
关于分布式光伏发电实行按照电量补贴政策等有关问题的通知	财建〔2013〕390号	2013年7月24日	颁布了分布式光伏发电项目按电量补贴实施办法，改进了光伏电站、大型风力发电等补贴资金管理
关于继续开展新能源汽车推广应用工作的通知	财建〔2013〕551号	2013年9月13日	2013年至2015年继续开展新能源汽车推广应用工作

注：根据财政部、发改委及科技部网站公布资料整理。

附录2 研发支出总量中政府支出所占比重 (%)

	2007年	2008年	2009年	2010年	2011年	2012年
澳大利亚	——	34.6	——	——	——	——
奥地利	32.3	37.01c	34.91	38.67c	35.76	40.4c
比利时	22.15	23.24	25.31	25.42	23.42	——
加拿大	31.97c	33.98c	34.55c	35.58c	34.82c	34.53c
智利	35.58m	33.76m	38.32a	40.36	35.35p	37.11p
捷克共和国	44.72	44.8	47.77	44.44	41.72	36.78p
丹麦	25.91a	——	26.14	28.22	28.87	29.05c
爱沙尼亚	45.65	50.03	48.82	44.15	32.75	38.31
芬兰	24.05	21.83	24	25.69	25.03a	26.69
法国	38.15	38.92	38.71	37.14a	35.38	——
德国	27.51	28.4	29.77	30.3	29.83	——
希腊	——	——	——	——	49.24a	50.36
匈牙利	44.41	41.82	41.98	39.34	38.1	36.87
冰岛	38.8	38.8	40.24	——	39.99a	——
爱尔兰	32.43	33.67	29.8c	29.43c	28.32c	27.26c
以色列	12.18d	12.2d	12.54d	12.2d	——	——

续表

年度		2007 年	2008 年	2009 年	2010 年	2011 年	2012 年
意大利		44.27	42	42.15	41.56	41.9	——
日本		15.63e	15.62a	17.67e	17.17e	16.41e	16.84e
韩国		24.8a	25.41	27.4	26.75	24.9	23.85
卢森堡公国		18.24c	——	24.26	34.82	30.52	——
墨西哥		50.74	54.28	53.17	60.49	59.62	——
荷兰		38.03	——	40.89	——	35.54a	——
新西兰		42.2	——	44.72	——	41.41	——
挪威		44.95	——	46.77	——	46.55	——
波兰		58.61	59.79	60.44	60.93	55.8	51.33
葡萄牙		44.56	43.71a	45.31	44.93	41.81	——
斯洛伐克共和国		53.92m	52.33m	50.56m	49.57m	49.75m	41.57m
斯洛文尼亚		35.61	31.3a	35.66	35.27	31.51	28.67
西班牙		43.66	45.57a	47.1	46.64	44.48	——
瑞典		24.63	——	27.26	——	27.68	——
瑞士		——	22.84	——	——	——	——
土耳其		47.07	31.62a	33.96	30.82	29.25	28.19
英国		30.92	30.66c	32.55c	32.28c	30.45	28.95c
美国		29.17	30.39j	32.65j	32.59j	31.17j	30.79j
OECD 总计		28.46b	29.24b	31.2b	31.14b	29.8b	——
欧盟（28 国）		34.03b	34.57b	35.51b	35.49b	33.93b	——
欧盟（15 国）		33.08b	33.58b	34.58b	34.62b	33.13b	——
非 OECD 成员国	阿根廷	67.54	70.55	75.44	74.69	71.56	74.01
	中国	24.62	23.59	23.41a	24.02	21.68	21.57
	罗马尼亚	67.14	70.1	54.92	54.4	49.13a	49.95
	俄罗斯	62.62	64.72	66.46	70.35	67.08	67.84
	新加坡	34.89	29.88	40.38	40.22	38.05	38.54
	南非	45.69	45.14	44.44	44.53	43.05	——
	中国台湾	29.86	28.25	28.91	27.5	26.24	24.75

注：字母 a 表示时间序列有间断，b 表示是估计值，c 表示是国家估计，d 表示国防研发支出未计入，j 表示资本支出未计入，m 表示数据可能被低估，p 表示是暂定值。

资料来源：Main Science and Technology Indicators，2014.

附录3 能源节约利用、可再生能源和资源综合利用项目审计发现的挪用政府补贴资金问题（节选）

序号	项目名称	审计发现的主要问题
1	湖南省俊虹置业股份有限公司光伏发电示范项目	项目单位将申请获得的中央财政金太阳示范工程补助资金300万元挪用于缴纳土地出让金及相关税费
2	湖南省宁乡县灰汤镇可再生能源建筑应用集中连片示范镇项目	项目单位将申请获得的中央财政可再生能源建筑应用专项资金594.3万元挪用于政府经费和企业补助等支出
3	湖南省韶山管理局韶山爱国主义教育基地节能环保科技示范项目	项目单位将申请获得的中央财政节能重点工程投资补助资金1530万元挪用于韶山宾馆六号楼工程建设
4	重庆钢铁（集团）有限责任公司重庆市第二垃圾焚烧发电厂场外配套及三期工程项目	项目单位将申请获得的中央财政循环经济和资源节约重大示范项目投资补助资金9960万元挪用于企业经营等方面支出
5	甘肃省兰州宏建建材集团有限公司年产60万吨超细矿渣微粉生产线二期扩建项目	项目单位将申请获得的中央财政循环经济和资源节约重大示范项目投资补助资金1000万元挪用于归还银行贷款利息、其他项目工程款和原材料款、日常经费等与项目无关的支出
6	甘肃省白银万山稀贵金属科技有限责任公司工业固体废料中稀贵金属资源化回收工程项目	项目单位将申请获得的中央财政循环经济和资源节约重大示范项目投资补助资金451.42万元挪用于归还借款、支付材料款等与项目无关的支出
7	甘肃省会宁县创佳粮油工贸有限公司利用亚麻粕年产3万吨颗粒饲料综合利用生产项目	项目单位将申请获得的中央财政循环经济和资源节约重大示范项目投资补助资金40.42万元挪用于发放工资等与项目无关的支出
8	甘肃省会宁县翔渊畜牧养殖业有限责任公司草畜循环生态养殖示范基地项目	项目单位将申请获得的中央财政循环经济和资源节约重大示范项目投资补助资金73万元挪用于归还借款等与项目无关的支出
9	四川中再生资源开发有限公司四川西南再生资源产业园区项目	项目单位将申请获得的中央财政城市矿产示范基地补助资金345万元挪用于与项目建设无关的企业生产经营支出
10	福建省三明市环境卫生管理处餐厨废弃物资源化利用和无害化处理项目	项目单位将申请获得的中央财政餐厨废弃物无害化处理补助资金110.71万元挪用于支付福建省三明市利洁环卫有限公司垃圾收运、财政补助、单位人员工资和差旅费等支出

续表

序号	项目名称	审计发现的主要问题
11	湖北省孝感凤凰水泥有限公司淘汰落后产能项目	项目单位将申请获得的中央财政淘汰落后产能奖励资金 100 万元挪用于前期费用
12	湖北省宜昌物资集团有限公司城市矿产资源循环利用项目	项目单位将申请获得的中央财政循环经济和资源节约重大示范项目投资补助资金 1000 万元挪用于其全资子公司车溪旅游开发有限责任公司增资
13	吉林省临江禄林木业有限责任公司节能改造项目	项目单位将申请获得的中央财政节能重点工程投资补助资金 152.74 万元挪用于与项目建设内容无关的房屋维修、偿还贷款等支出
14	黑龙江省成金新型节能建筑材料有限责任公司年产 1.8 亿块煤矸石页岩烧结制品生产线项目	项目单位将申请获得的中央财政循环经济和资源节约重大示范项目投资补助资金 250 万元挪用于企业经营
15	山东三融集团有限公司海洋能独立电力系统示范项目	项目单位将申请获得的中央财政海洋可再生能源专项资金 1500 万元挪用于公司经营
16	山东省鲁特电工股份有限公司高效节能电力变压器产业示范工程项目	项目单位将申请获得的中央财政节能重点工程投资补助资金 200 万元挪用于该单位建设研发中心预付款支出
17	安徽省强坤机械有限公司农林废弃物生产活性碳粉项目	项目单位将申请获得的中央财政循环经济和资源节约重大示范项目投资补助资金 450 万元挪用于其他项目生产经营支出
18	安徽省滁州市洪武报废汽车回收拆解利用有限公司报废汽车回收拆解循环利用项目	项目单位将申请获得的中央财政循环经济和资源节约重大示范项目投资补助资金 673.84 万元挪用于支付其集团公司借款
19	上海电气集团股份有限公司国家 700℃超超临界燃煤发电关键技术和设备研发及应用示范——锅炉关键技术的研究课题项目	项目单位将申请获得的课题经费 7.76 万元挪用于无关人员差旅费支出

资料来源：国家审计署 2013 年第 25 号公告《5044 个能源节约利用、可再生能源和资源综合利用项目审计结果》，2013 年 6 月 20 日。

附录4 专利数量作为被解释变量的稳健性检验

	(1) 固定效应	(2) 固定效应	(3) 固定效应	(4) 随机效应
常数项	-13.1598	-12.5025	-12.3826	-6.2145
	(-1.4561)	(-1.3834)	(-1.3742)	(-0.7432)
lnlsubsidy	0.9744	0.04933	0.0885	-41.5996
	(1.0029)	(0.0444)	(0.0810)	(-6.0504)
roa	0.0633	0.0267	-0.009	0.1054
	(0.4317)	(0.1802)	(-0.0058)	(0.8011)
hhi	0.0039***	0.0039***	0.0037***	0.0039**
	(3.9230)	(3.8968)	(3.7781)	(4.5158)
lev	-0.0048	-0.0151	-0.0065	-0.0205
	(-0.0525)	(-0.1655)	(-0.0711)	(-0.2661)
lnk	4.8235***	4.4795**	4.2530**	1.9808
	(2.6510)	(2.4493)	(2.3310)	(1.1921)
state* lnlsubsidy		3.0864*		
		(1.7030)		
zy* lnlsubsidy			-0.3175	
			(-0.1538)	
df* lnlsubsidy			8.0510***	
			(3.3286)	
lnslaes* lnlsubsidy				2.0908***
				(6.3198)
N	1224	1224	1223	1224
Hausman	14.23**	16.7**	20.45***	3.81
F值	9.18	9.19	8.64	

注：表中数据为变量的回归系数，括号内数值为t值，*、**、***分别代表显著性水平为1%、5%、10%。

参考文献

[1] 安同良，周绍东，皮建才. R&D补贴对中国企业自主创新的激励效应［J］. 经济研究，2009（9）：87－98.

[2]［美］奥兹·夏伊. 产业组织理论与应用［M］. 周占强，王子健，危结根，译. 北京：清华大学出版社，2005.

[3] 白俊，连立帅. 信贷资金配置差异：所有制歧视抑或禀赋差异?［J］. 管理世界. 2012（6）：30－42.

[4] 白俊红. 中国的政府R&D资助有效吗？来自大中型工业企业的经验证据［J］. 经济学（季刊），2011，10（4）：1375－1400.

[5] 边燕杰，丘海雄. 企业的社会资本及其功效［J］. 中国社会科学，2000（2）：87－99.

[6] 步丹璐，黄杰. 企业寻租与政府的利益输送——基于京东方的案例分析［J］. 中国工业经济，2013（6）：135－147.

[7] 曹建海，邓菁. 补贴预期、模式选择与创新激励效果［J］. 经济管理，2014（8）：21－30.

[8] 陈德球，李思飞，王丛. 政府质量、终极产权与公司现金持有［J］. 管理世界，2011（11）：127－141.

[9] 陈冬华. 地方政府、公司治理与补贴收入——来自我国证券市场的经验证据［J］. 财经研究，2003（9）：15－21.

[10] 陈莞，谢富纪. 创新的直接性政府补贴设计与运用［J］. 科技

管理研究，2009（5）：6－7.

［11］陈磊，张涛．外溢效应、预先承诺和最优研发政策［J］．上海经济研究，2006（8）：30－37.

［12］陈林，朱卫平．出口退税和创新补贴政策效应研究［J］．经济研究，2008（11）：74－87.

［13］陈强．高级计量经济学及 stata 应用［M］．第 2 版．北京：高等教育出版社，2014：487－493.

［14］陈爽英，井润田，龙小宁，等．民营企业家社会关系资本对研发投资决策影响的实证研究［J］．管理世界，2010（1）：88－97.

［15］陈小悦，徐晓东．股权结构、企业绩效与投资者利益保护［J］．经济研究，2001（11）：3－11.

［16］陈晓，李静．地方政府财政行为在提升上市公司业绩中的作用探析［J］．会计研究，2001（12）.

［17］戴亦一，潘越，冯舒．中国企业的慈善捐赠是一种“政治献金”吗？——来自市委书记更替的证据［J］．经济研究，2014（2）：74－86.

［18］邓光军，曾勇．双不对称下的技术投资竞争决策［J］．管理科学学报，2011，4（2）：1－11.

［19］杜兴强，曾泉，杜颖洁．政治联系对中国上市公司的 R&D 投资具有“挤出”效应吗？［J］．投资研究，2012（5）：98－113.

［20］杜兴强，陈韫慧，杜颖洁．寻租、政治联系与“真实”业绩：基于民营上市公司的经验证据［J］．金融研究，2010（10）：135－157.

［21］樊纲，王小鲁，朱恒鹏．中国市场化指数：各地区市场化相对进程 2011 年报告［M］．北京：经济科学出版社，2011.

［22］范悦安，许斌，周东生，卜悦乐，李俊骏．2013 年中国商业报告［R］．中欧国际工商学院，2013.

[23] 冯宗宪，王青，侯晓辉．政府投入、市场化程度与中国工业企业的技术创新效率［J］．数量经济技术经济研究，2011（4）：3－17.

[24] 高艳慧，万迪昉，蔡地．政府研发补贴具有信号传递作用吗？——基于我国高技术产业面板数据的分析［J］．科学学与科学技术管理，2012（1）：5－11.

[25] 龚小凤．地方政府与上市公司盈余管理——非经常性损益出台后的影响［J］．华东经济管理，2006（2）.

[26] 顾元媛．寻租行为与 R&D 补贴效率损失［J］．经济科学，2011（5）.

[27] 郭继强，姜俪，陆利丽．工资差异分解方法述评［J］．经济学（季刊），2011（2）：363－414.

[28] 郭剑花，杜兴强．政治联系、预算软约束与政府补助的配置效率——基于中国民营上市公司的经验研究［J］．金融研究，2011（2）：114－128.

[29] 郭晓丹，何文韬．战略性新兴产业政府 R&D 补贴信号效应的动态分析［J］．经济学动态，2011（9）：88－93.

[30] 郭晓丹，何文韬，肖兴志．战略性新兴产业的政府补贴、额外行为与研发活动变动［J］．宏观经济研究，2011（11）：63－69.

[31] 韩超．战略性新兴产业政策依赖性探析——来自地方政府补贴视角的实证检验［J］．经济理论与经济管理，2014（11）：57－71.

[32] 贺俊，吕铁．战略性新兴产业：从政策概念到理论问题［J］．财贸经济，2012（5）：106－113.

[33] 贺正楚，吴艳，张蜜，等．我国生产服务业与战略性新兴产业融合问题研究［J］．管理世界，2012（12）：177－178.

[34] 胡志国，严成樑，龚六堂．政府研发政策的经济增长效应与福

利效应［J］. 财贸经济，2013，1（9）：112－120.

［35］黄玖立，李坤望．吃喝、腐败与企业订单［J］. 经济研究，2013（6）：71－84.

［36］黄蓉，赵黎鸣．政府补助：保壳还是培优［J］. 暨南学报（哲学社会科学版），2011（1）.

［37］黄锐．两市公司年底获政府百亿补贴［N］. 新京报，2012－12－25.

［38］黄先海，谢璐．战略性贸易产业 R&D 补贴的实施策略研究——事前补贴与事后补贴之比较［J］. 国际贸易问题，2007（11）：9－13.

［39］黄幸婷，杨煜．后危机时代战略性新兴产业发展研究 ——基于核心技术联盟知识创造过程的视角［J］．中国科技论坛，2010（8）：36－40.

［40］霍沛军，陈继祥，陈剑．R&D 补贴与社会次佳 R&D［J］. 管理工程学报，2004，18（2）：1－3.

［41］蒋为，张龙鹏．补贴差异化的资源误置效应——基于生产率分布视角［J］. 中国工业经济，2015，（2）：31－43.

［42］解维敏，唐清泉，陆姗姗．政府 R&D 资助、企业 R&D 支出与自主创新——来自中国上市公司的经验证据［J］. 金融研究，2009（6）：86－99.

［43］康志勇．融资约束、政府支持与中国本土企业研发投入［J］. 南开管理评论，2013，16（5）：61－70.

［44］孔东民，刘莎莎，王亚男．市场竞争、产权与政府补贴［J］. 经济研究，2013（2）.

［45］兰赛，赵引．公共政策对企业创新投入与绩效的影响——广东高科技行业实证研究［J］. 南方经济，2014（8）：27－43.

［46］李春涛，宋敏．中国制造业企业的创新活动：所有制和 CEO 激励的作用［J］．经济研究，2010（5）：55－67.

［47］李汇东，唐跃军，左晶晶．用自己的钱还是用别人的钱创新？——基于中国上市公司融资结构与公司创新的研究［J］．金融研究，2013（2）：170－183.

［48］李捷瑜，黄宇丰．转型经济中的贿赂与企业增长［J］．经济学（季刊），2010（4）：1467－1484.

［49］李静，彭飞，毛德凤．企业金融资源配置：禀赋差异抑或所有制歧视［J］．南方经济，2013（6）：49－61.

［50］李林木，郭存芝．巨额减免税是否有效促进中国高新技术产业发展［J］．财贸经济，2014（5）：14－26.

［51］李四海，陆琪睿，宋献中．亏损企业慷慨捐赠的背后［J］．中国工业经济，2012（8）：148－160.

［52］李四海．制度环境、政治关系与企业捐赠［J］．中国会计评论，2010（2）：161－178.

［53］李香才．业绩将收官，地方政府驰援上市公司扭亏战［N］．中国证券报，2012－12－25.

［54］李扬帆．230 公司中报业绩掺水，靠 4 招粉饰警惕浮夸个股［N］．重庆商报，2013－08－06.

［55］黎文靖，池勤伟．高管职务消费对企业业绩影响机理研究——基于产权性质的视角［J］．中国工业经济，2015（4）：122－134.

［56］刘海洋，孔祥贞，马靖．补贴扭曲了中国工业企业的购买行为吗？——基于讨价还价理论的分析［J］．管理世界，2012（10）：119－129.

［57］刘虹，肖美凤，唐清泉．R&D 补贴对企业 R&D 支出的激励与挤出效应——基于中国上市公司数据的实证分析［J］．经济管理，2012

(4)：19－28.

[58] 刘林平. 企业的社会资本：概念反思和测量途径 [J]. 社会学研究，2006 (2)：204－216.

[59] 刘芍佳，孙霈，刘乃全. 终极产权论、股权结构及公司绩效 [J]. 经济研究，2003 (4)：51－63.

[60] 陆国庆. 战略性新兴产业创新的绩效研究——基于中小板上市公司的实证分析 [J]. 南京大学学报（哲学. 人文科学. 社会科学版)，2011 (4)：72－80.

[61] 陆国庆，王舟，张春宇. 中国战略性新兴产业政府创新补贴的绩效研究 [J]. 经济研究，2014 (7)：44－55.

[62] 逯东，林高，杨丹. 政府补助、研发支出与市场价值——来自创业板高新技术企业的经验证据 [J]. 投资研究，2012，31 (9)：67－81.

[63] 罗党论，刘晓龙. 政治关系、进入壁垒与企业绩效——来自中国民营上市公司的经验证据 [J]. 管理世界，2009 (5)：97－106.

[64] 罗党论，唐清泉. 政治关系、社会资本与政策资源获取：来自中国民营上市公司的经验证据 [J]. 世界经济，2009 (7)：84－96.

[65] 毛德凤，李静，彭飞，等. 研发投入与企业全要素生产率——基于 PSM 和 GPS 的检验 [J]. 财经研究，2013 (4)：134－144.

[66] 毛其淋，许家云. 政府补贴激励了企业新产品创新吗？——来自中国制造业企业层面的证据 [D]. 经济研究，2014.

[67] 倪迅. 创新驱动难在哪 [N]. 光明日报，2013－06－21.

[68] 潘红波，夏新平，余明桂. 政府干预、政治关联与地方国有企业并购 [J]. 经济研究，2008 (4)：41－52.

[69] 潘越，戴亦一，李财喜. 政治关联与财务困境公司的政府补助——来自中国 ST 公司的经验证据 [J]. 南开管理评论，2009 (5)：

6 - 17.

[70] 潘越，戴亦一，吴超鹏，等．社会资本、政治关系与公司投资决策［J］．经济研究，2009（11）：82 - 94.

[71] 齐雁冰．百亿政府补贴润色上市公司业绩，十巨头年亏500亿［N］．北京青年报，2013 - 04 - 28.

[72] 任保全，王亮亮．战略性新兴产业高端化了吗？［J］．数量经济技术经济研究，2014（3）：38 - 55.

[73] 任曙明，张静．补贴、寻租成本与加成率——基于中国装备制造企业的实证研究［J］．管理世界，2013（10）：118 - 129.

[74] 邵敏，包群．地方政府补贴企业行为分析：扶持强者还是保护弱者？［J］．世界经济文汇，2011（1）：56 - 72.

[75] 邵敏，包群．政府补贴与企业生产率——基于我国工业企业的经验分析［J］．中国工业经济，2012（7）：70 - 82.

[76] 史宇鹏，顾全林．知识产权保护、异质性企业与创新：来自中国制造业的证据［J］．金融研究，2013（8）：136 - 149.

[77] 世界银行．政府治理、投资环境及和谐社会：中国120个城市竞争力的提升［M］．北京：中国财政经济出版社，2007.

[78] 孙蕊，吴金希．我国战略性新兴产业政策文本量化研究［J］．科学学与科学技术管理，2015（2）：3 - 9.

[79] 唐清泉，肖海莲．融资约束与企业创新投资——现金流敏感性——基于企业R&D异质性视角［J］．南方经济，2013（11）：40 - 54.

[80] 唐清泉，罗党论．政府补贴动机及其效果的实证研究——来自中国上市公司的经验证据［J］．金融研究，2007（6）：149 - 163.

[81] 万华林，陈信元．治理环境、企业寻租与交易成本［J］．经济学（季刊），2010，9（2）：553 - 570.

［82］汪海粟，方中秀．无形资产的信息披露与市场检验——基于深圳创业板上市公司数据［J］．中国工业经济，2012（8）：135－147.

［83］汪秋明，韩庆潇，杨晨．战略性新兴产业中的政府补贴与企业行为——基于政府规制下的动态博弈分析视角［J］．财经研究，2014（7）：43－53.

［84］王红建，李青原，邢斐．金融危机、政府补贴与盈余操纵——来自中国上市公司的经验证据［J］．管理世界，2014（7）.

［85］王朋举，叶建木，罗娟．政府资金补偿对科技创新失败项目的作用机理研究［J］．科学学与科学技术管理，2014（1）：3－8.

［86］王永钦．市场互联性、关系型合约与经济转型［J］．经济研究，2006（6）：79－91.

［87］王宇，刘志彪．补贴方式与均衡发展：战略性新兴产业成长与传统产业调整［J］．中国工业经济，2013（8）：57－69.

［88］魏涛，陆正飞，单宏伟．非经常性损益盈余管理的动机、手段和作用研究——来自中国上市公司的经验证据［J］．管理世界，2007（1）.

［89］文芳．股权集中度、股权制衡与公司 R&D 投资——来自中国上市公司的经验证据［J］．南方经济，2008（4）：41－52.

［90］巫强，刘蓓．政府研发补贴方式对战略性新兴产业创新的影响机制研究［J］．产业经济研究，2014（6）：41－49.

［91］吴少平．传统产业与新兴产业之关系辨［N］．北京日报，2004－04－27.

［92］吴文锋，吴冲锋，芮萌．中国上市公司高管的政府背景与税收优惠［J］．管理世界，2009（3）：134－142.

［93］吴延兵．市场结构、产权结构与 R&D——中国制造业的实证分

析［J］. 统计研究，2007（5）：67－75.

［94］吴延兵. 中国工业 R&D 投入的影响因素［J］. 产业经济研究，2009（6）：13－21.

［95］吴延兵. 中国哪种所有制类型企业最具创新性？［J］. 世界经济，2012（6）：3－29.

［96］肖文，林高榜. 政府支持、研发管理与技术创新效率——基于中国工业行业的实证分析［J］. 管理世界，2014（4）：71－80.

［97］肖兴志，王伊攀，李姝. 政府激励、产权性质与企业创新——基于战略性新兴产业 260 家上市公司数据［J］. 财经问题研究，2013（12）：26－33.

［98］肖兴志，王伊攀. 不同补贴方式对战略性新兴产业竞争格局的影响［J］. 产业经济评论，2013（4）：1－15.

［99］肖兴志，王伊攀. 战略性新兴产业政府补贴是否用在了“刀刃”上？——基于 254 家上市公司的数据［J］. 经济管理，2014（4）：19－31.

［100］肖兴志，王伊攀. 政府补贴与企业社会资本投资决策——来自战略性新兴产业的经验证据［J］. 中国工业经济，2014（9）：148－160.

［101］肖兴志，何文韬，郭晓丹. 能力积累、扩张行为与企业持续生存时间——基于我国战略性新兴产业的企业生存研究［J］. 管理世界，2014（2）：77－89.

［102］肖兴志，姜晓婧. 战略性新兴产业政府创新基金投向：传统转型企业还是新生企业［J］. 中国工业经济，2013（1）：128－140.

［103］谢申祥，王孝松. 战略性研发补贴政策稳健吗？——基于中间品贸易的视角［J］. 经济学（季刊），2012，12（1）：223－242.

［104］谢悦. 战略性新兴产业政府补贴绩效——基于企业与行业两个维度的实证研究［D］. 南京大学，2013.

[105] 谢子聪. 谢幕吧，新能源汽车十城千辆 [N]. 21 世纪经济报道，2013－06－05.

[106] 熊勇清，李世才. 战略性新兴产业与传统产业的良性互动发展——基于我国产业发展现状的分析与思考 [J]. 科技进步与对策，2011，28 (5)：54－58.

[107] 熊勇清，李世才. 战略性新兴产业与传统产业耦合发展的过程及作用机制探讨 [J]. 科学学与科学技术管理，2010，31 (11)：84－87.

[108] 徐晓伟，李林杰，安月平. 从非经常性损益看上市公司的盈余管理——对上市公司信息披露中的非经常性损益的实证分析 [J]. 华中科技大学学报 (社会科学版)，2003 (1).

[109] 许罡，朱卫东，孙慧倩. 政府补助的政策效应研究——基于上市公司投资视角的检验 [J]. 经济学动态，2014 (6)：87－95.

[110] 杨其静，杨继东. 政治联系、市场力量与工资差异——基于政府补贴的视角 [J]. 中国人民大学学报，2010 (2)：69－77.

[111] 杨其静. 企业成长：政治关联还是能力建设 [J]. 经济研究，2011 (10)：54－66.

[112] 杨其静，郑楠. 地方领导晋升竞争是标尺赛、锦标赛还是资格赛 [J]. 世界经济，2013 (12)：130－156.

[113] 于华鹏. 中央启动首批战略性新兴产业专项资金 [N]. 经济观察报，2012－06－08.

[114] 余道先，刘海云. 战略性贸易政策与我国自主创新的发展战略 [J]，国际经贸探索，2007，23 (7)：18－22.

[115] 余明桂，回雅甫，潘红波. 政治联系、寻租与地方政府财政补贴有效性 [J]. 经济研究，2010，45 (3)：65－77.

[116] 俞乔，等. 2013 年中国市级政府财政透明度研究报告 [R]. 清

华大学，2013.

［117］张建君，张志学．中国民营企业家的政治战略［J］．管理世界，2005（7）：94－105.

［118］张杰，芦哲，郑文平，等．融资约束、融资渠道与企业 R&D 投入［J］．世界经济，2012（10）：66－90.

［119］张靖．英美德三国先进制造业战略比较及启示［EB/OL］．中国经济网，2014－06－17.

［120］张敏．上市公司贴膘忙，66 家公司收到 15 亿政府补助［N］．证券日报，2013－08－02.

［121］张其仔．社会资本的投资策略与企业绩效［J］．经济管理，2004（16）：58－63.

［122］张运生．内生外部性理论研究新进展［J］．经济学动态，2012（12）：115－124.

［123］郑世林，刘和旺．中国政府推动高技术产业化投资效果的实证研究［J］．数量经济技术经济研究，2013（7）：66－80.

［124］中国社会科学院工业经济研究所课题组．治理产能过剩的关键在于完善市场体制、理顺市场与政府关系［R］．北京：中国社会科学院工业经济研究所，2013.

［125］钟春平，潘黎．“产能过剩”的误区——产能利用率及产能过剩的进展、争议及现实判断［J］．经济学动态，2014（3）：35－47.

［126］钟宏武．企业捐赠作用的综合解析［J］．中国工业经济，2007（2）：75－83.

［127］周黎安，罗凯．企业规模与创新：来自中国省级水平的经验证据［J］．经济学（季刊），2005（3）：623－638.

［128］朱平芳，徐伟民．政府的科技激励政策对大中型工业企业 R&D

投入及其专利产出的影响——上海市的实证研究［J］. 经济研究，2003（6）：45－53.

［129］朱松，陈运森. 政府补贴决策、盈余管理动机与上市公司扭亏［J］. 中国会计与财务研究，2009（3）.

［130］朱玥，王佳丽. 清盘“金太阳”［N］. 财经网，2013－5－20.

［131］Aghion P，Bloom N，Blundell R，et al. Competition and Innovation：an Inverted-U Relationship［J］. The Quarterly Journal of Economics，2005，120（2）：701－728.

［132］Aidis R，Estrin S，Mickiewicz T M. Size Matters：Entrepreneurial Entry and Government［J］. Small Business Economics，2012，39（1）：119－139.

［133］Arqué-Castells P. Persistence in R&D Performance and its Implications for the Granting of Subsidies［J］. Review of Industrial Organization，2013，43（3）：193－220.

［134］Arrow，Kenneth J. Economic Welfare and the Allocation of Resources for Invention，in R. R. Nelson（ed.），The Rate and Direction of Inventive Activity：Econimic and Social Factors（Princeton：Princeton University Press），1962：609－625.

［135］Asker J，Baccara M. Subsidies，Entry and the Distribution of R&D Investment［J］. International Journal of Industrial Organization，2010，28（3）：254－270.

［136］Azoulay P，Zivin J S G，Li D，et al. Public R&D Investments and Private-sector Patenting：Evidence from NIH Funding Rules［R］. NBER，2015.

［137］Bagwell K，Staiger R W. The Sensitivity of Strategic and Corrective R and D Policy in Battles for Monopoly［J］. International Economic Review，

1992：795 -816.

[138] Balsmeier B，Delanote J. Employment Growth Heterogeneity under Varying Intellectual Property Rights Regimes in European Transition Economies：Young vs. Mature Innovators [J]. Journal of Comparative Economics，2014 (27).

[139] Bernini C，Pellegrini G. How are growth and productivity in private firms affected by public subsidy? Evidence from a regional policy [J]. Regional Science and Urban Economics，2011，41 (3)：253 -265.

[140] Blanes J V，Busom I. Who Participates in R&D Subsidy Programs? The case of Spanish manufacturing firms [J]. Research Policy，2004，33 (10)：1459 -1476.

[141] Boeing，P. China's R&D Subsidies：Allocation and Effectiveness [R]. ZEW Discussion Papers，2014：14 -103.

[142] Bourdieu P. The forms of capital [J]. Handbook of Theory and Research for The Sociology of Education，1986：241 -258.

[143] Brander J A，Spencer B J. Export Subsidies and International Market Share Rivalry [J]. Journal of international Economics，1985，18 (1)：83 -100.

[144] Buisseret T J，Cameron H M，Georghiou L. What difference does it make? Additionality in the public support of R&D in large firms [J]. International Journal of Technology Management，1995，10 (4)：587 -600.

[145] Burt R S. Structural Holes：The Social Structure of Competition [M]. Harvard University Press，2009.

[146] Cai，H.，H. Fang，L. C. Xu. Eat，Drink，Firms and Government：An Investigation of Corruption from Entertainment and Travel Costs of Chi-

nese Firms [R]. NBER Working Paper, 2005.

[147] Canepa A, Stoneman P L. Financial Constraints to Innovation in the UK: Evidence from CIS2 and CIS3 [J]. Oxford Economic Papers, 2008, 60 (4): 711 -730.

[148] Carpenter R E, Petersen B C. Capital Market Imperfections, High-tech Investment, and New Equity Financing [J]. The Economic Journal, 2002, 112 (477): 54 -72.

[149] Cerqua A, Pellegrini G. Do Subsidies to Private Capital Boost Firms' Growth? A Multiple Regression Discontinuity Design Approach [J]. Journal of Public Economics, 2014 (109): 114 -126.

[150] Cerulli G. Modelling and Measuring the Effect of Public Subsidies on Business R&D: A Critical Review of the Econometric Literature [J]. Economic Record, 2010, 86 (274): 421 -449.

[151] Chen X, Lee C W J, Li J. Government Assisted Earnings Management in China [J]. Journal of Accounting and Public Policy, 2008, 27 (3): 262 -274.

[152] Chung S A, Singh H, Lee K. Complementarity, Status Similarity and Social Capital as Drivers of Alliance Formation [J]. Strategic Management Journal, 2000, 21 (1): 1 -22.

[153] Cincera M, Ravet J. Financing constraints and R&D investments of large corporations in Europe and the US [J]. Science and Public Policy, 2010, 37 (6): 455 -466.

[154] Cordes, J. J. Tax Incentives and R&D Spending: A Review of the Evidence, Research Policy, 1989, 18 (3).

[155] D' Este P, Iammarino S, Savona M, et al. What Hampers Inno-

vation? Revealed Barriers Versus Deterring Barriers [J]. Research Policy, 2012, 41 (2): 482 -488.

[156] D'A spremont, C., Gabszewicz, J. Thisse, J. On Hotelling's "Stability in Competition" [J]. Econometrica, 1979, 47 (5).

[157] Faccio, M. Politically Connected Firms [J]. The American Economic Review, 2006, 96 (1): 369 -386.

[158] Fan J P H, Wong T J, Zhang T. Politically Connected CEOs, Corporate Governance, and Post-IPO performance of China's newly partially privatized firms [J]. Journal of Financial Economics, 2007, 84 (2): 330 -357.

[159] Folster. S. Do Subsidies to Cooperative R&D Actually Stimulate R&D Investment and Cooperation? [J]. Research Policy, 1995 (24): 403 -417.

[160] Furukawa Y. Intellectual Property Protection and Innovation: An Inverted-U Relationship [J]. Economics Letters, 2010, 109 (2): 99 -101.

[161] Futia CA. Schumpeterian Competition [J]. The Quarterly Journal of Economics, 1980, 94 (4): 675 -695.

[162] Galbraith J K. The New Industrial State [M]. Princeton University Press, 2007.

[163] Godfrey, P. C. The Relationship Between Corporate Philanthropy and Shareholder Wealth: A Risk Management Perspective [J]. Academy of Management Review, 2005, 30 (4): 777 -798.

[164] Gorodnichenko Y, Schnitzer M. Financial Constraints and Innovation: Why Poor Countries Don't Catch up [J]. Journal of the European Economic association, 2013, 11 (5): 1115 -1152.

[165] Graham J R, Harvey C R, Puri M. Managerial Attitudes and Corporate actions [J]. Journal of Financial Economics, 2013, 109 (1): 103 -121.

[166] Guellec D, van Pottelsberghe de la Potterie B. The impact of public R&D expenditure on business R&D [J]. Economics of Innovation and New Technology, 2003, 12 (3): 225-243.

[167] Guellec, D. and de la Potterie, B. P. Does government support stimulate private R&D? OECD economic studies, 1997, 2 (29) .

[168] Haaland J I, Kind H J. R&D policies, trade and process innovation [J]. Journal of International Economics, 2008, 74 (1): 170-187.

[169] Hall B H. The financing of research and development [J]. Oxford review of economic policy, 2002, 18 (1): 35-51.

[170] Hall B, Van Reenen J. How effective are fiscal incentives for R&D? A review of the evidence [J]. Research Policy, 2000, 29 (4): 449-469.

[171] Hansen B E. Threshold effects in non-dynamic panels: Estimation, testing, and inference [J]. Journal of econometrics, 1999, 93 (2): 345-368.

[172] Heijs, J. , Identification of firms supported by technology policies: the case of Spanish low interest credits, Science and Public Policy, 2005, 32 (3).

[173] Herrera and Ibarra, Distribution and effect of R&D subsidies: A comparative analysis according to firm size [J]. Intangible Capital, 2010, 6 (2): 272-299.

[174] Himmelberg C P, Petersen B C. R&D and Internal Finance: A Panel Study of Small Firms in High-Tech Industries [J]. The Review of Economics and Statistics, 1994, 76 (1): 38-51.

[175] Hirshleifer D, Low A, Teoh S H. Are overconfident CEOs better innovators? [J]. The Journal of Finance, 2012, 67 (4): 1457-1498.

[176] Hotelling, H. Stability in Competition, Economic Journal, 1929,

39 (153).

[177] Hyytinen A, Toivanen O. Do financial constraints hold back innovation and growth? Evidence on the role of public policy [J]. Research Policy, 2005, 34 (9): 1385 - 1403.

[178] Jaggi B, Baydoun N. Evaluation of Extraordinary and Exceptional Items Disclosed by Hong Kong Companies [J]. Abacus, 2001, 37 (2): 217 - 232.

[179] Jann B. A Stata implementation of the Blinder-Oaxaca decomposition [J]. Stata Journal, 2008, 8 (4): 453 - 479.

[180] Jensen M C, Meckling W H. Theory of the Firm: Managerial Behavior, Agency Costs and Ownership Structure [J]. Journal of Financial Economics, 1976, 3 (4): 305 - 360.

[181] Jia R, Kudamatsu M, Seim D. Complementary Roles of Connections and Performance in Political Selection in China [R]. Working paper, 2013.

[182] Jia, R. , X. Lan. Red Capitalism: Cadre Parents and Entrepreneurial Children in China [R]. UCSD IR/PS Working Paper, 2013.

[183] Kang M. Trade Policy Mix: IPR Protection and R&D Subsidies [J]. Canadian Journal of Economics, 2006, 39 (3): 744 - 757.

[184] Katz M L, Ordover J A, Fisher F, et al. R&D Cooperation and Competition [J]. Brookings papers on economic activity. Microeconomics, 1990: 137 - 203.

[185] Kesavayutha, D. Vasileios, Z. R&D versus output subsidies in mixed markets, Economics Letters, 2013, 118 (2).

[186] Kleer R. Government R&D subsidies as a signal for private investors [J]. Research Policy, 2010, 39 (10): 1361 - 1374.

［187］ Klette T J， Møen J， Griliches Z. Do Subsidies to Commercial R&D Reduce Market Failures? Microeconometric evaluation studies ［J］. Research Policy， 2000， 29 （4）： 471 –495.

［188］ Koenig， M.， Liu， X.， Zenou， Y. R&D Networks： Theory， Empirics and Policy Implications ［R］. SIEPR Discussion Paper， 2014.

［189］ Lach S. Do R&D subsidies stimulate or displace private R&D? Evidence from Israel ［J］. The Journal of Industrial Economics， 2002， 50 （4）： 369 –390.

［190］ Laincz， C. A. Market structure and endogenous productivity growth： how do R&D subsidies affect market structure? ［J］. Journal of Economic Dynamics and Control， 2005， 29 （1）.

［191］ Lee. E. Y， Cin. B. C. The effect of risk-sharing government subsidy on corporate R&D investment： Empirical evidence from Korea ［J］. Technological Forecasting and Social Change， 2010 （77）： 881 –890.

［192］ Li D D. Changing Incentives of the Chinese Bureaucracy ［J］. The American Economic Review， 1998， 88 （2）： 393 –397.

［193］ Li， H.， L. Meng， Q. Wang， L. A. Zhou. Political Connections， Financing and Firm Performance： Evidence from Chinese Private Firms ［J］. Journal of Development Economics， 2008， 87 （2）： 283 –299.

［194］ Magee， S. P.， W. A. Brock， L. Young. Black Hole Tariffs and Endogenous Policy Theory： Political Economy in General Equilibrium ［M］. New York： Cambridge University Press， 1989.

［195］ Modigliani F， Miller M H. The cost of capital， corporation finance and the theory of investment ［J］. The American economic review， 1958： 261 –297.

［196］ Neary J P. Cost asymmetries in international subsidy games： Should governments help winners or losers? [J]. Journal of International Economics, 1994, 37 (3): 197 - 218.

[197] Neary J P, Leahy D. Strategic trade and industrial policy towards dynamic oligopolies [J]. The Economic Journal, 2000, 110 (463): 484 - 508.

[198] Nelson RR. The Simple Economics of Basic Scientific Research [J]. Journal of Political Economy, 1959, 67 (3): 297 - 306.

[199] Nevo R. Trends and patterns of public support to industry in the OECD area [J]. STI review, 1998 (21): 12 - 24.

[200] Offerman, Veen. How to subsidize contributions to public goods: Does the frog jump out of the boiling water [R]. European Economic Review, 2014.

[201] Park S H, Luo Y. Guanxi and organizational dynamics: Organizational networking in Chinese firms [J]. Strategic Management Journal, 2001, 22 (5): 455 - 477.

[202] Post J E, Waddock S A. Strategic philanthropy and partnerships for economic progress [J]. Contributions in Economics and Economic History, 1995: 65 - 86.

[203] Qian Y, Roland G. Federalism and the soft budget constraint [J]. American economic review, 1998: 1143 - 1162.

[204] Richardson S. Over-investment of Free Cash Flow [J]. Review of Accounting Studies, 2006, 11 (2 - 3): 159 - 189.

[205] Riedl E J, Srinivasan S. Signaling Firm Performance Through Financial Statement Presentation: An Analysis Using Special Items [J]. Contemporary Accounting Research, 2010, 27 (1): 289 - 332.

[206] Rosenbaum P R, Rubin D B. The central role of the propensity

score in observational studies for causal effects [J]. Biometrika, 1983, 70 (1): 41 -55.

[207] Rosenbaum P R, Rubin D B. Constructing a Control Group Using Multivariate Matched Sampling Methods That Incorporate the Propensity Score [J]. The American Statistician, 1985, 39 (1): 33 -38.

[208] Sääskilahti, P. Strategic R&D and network compatibility, Economics of Innovation and New Technology, 2006, 15 (8).

[209] Schumpeter J A. Capitalism, socialism and democracy [M]. Routledge, 2013.

[210] Segarra A, García-Quevedo J, Teruel M. Financial constraints and the failure of innovation projects [R]. Universitat Rovira i Virgili, wp, 2013: 06 -2013.

[211] Socorro M P. Optimal technology policy under asymmetric information in a research joint venture [J]. Journal of Economic Behavior & Organization, 2007, 62 (1): 76 -97.

[212] Spence M. Cost Reduction, Competition, and Industry Performance [J]. Econometrica, 1984, 52 (1): 101 -121.

[213] Spencer B J, Brander J A. International R&D Rivalry and Industrial Strategy [J]. The Review of Economic Studies, 1983, 50 (4): 707 -722.

[214] Stiglitz J E, Weiss A. Credit rationing in markets with imperfect information [J]. The American economic review, 1981: 393 -410.

[215] Symeonidis, G. Comparing Cournot and Bertrand Equilibria in a Differentiated Duopoly with Product R&D, International Journal of Industrial Organization, 2003, 21 (1).

[216] Takalo T, Tanayama T, Toivanen O. Estimating the Benefits of

Targeted R&D Subsidies [J]. Review of Economics and Statistics, 2013, 95 (1): 255 -272.

[217] Tassey G. Policy Issues for R&D Investment in a Knowledge-based Economy [J]. The Journal of Technology Transfer, 2004, 29 (2): 153 -185.

[218] Villemeur E B, Ruble R, Versaevel B. Innovation and Imitation Incentives in Dynamic Duopoly [R]. MPRA Paper, 2014.

[219] Wallsten S J. The Effects of Government-industry R&D Programs on Private R&D: the Case of the Small Business Innovation Research program [J]. The RAND Journal of Economics, 2000: 82 -100.

[220] Wang H, Qian C. Corporate Philanthropy and Corporate Financial Performance: The Roles of Stakeholder Response and Political Access [J]. Academy of Management Journal, 2011, 54 (6): 1159 -1181.

[221] Yueh, L. Enterprising China: Business, Economic and Legal Developments Since 1979 [M]. New York: Oxford University Press, 2011.

[222] Grossman, G. M. , Helpman, E. , Protection for Sale [J]. American Economic Review, 1994, 84 (4): 833 -850.

[223] Wang, Y. , You, J. , Corruption and Firm Growth: Evidence From China [J]. China Economic Review, 2012, 23 (2): 415 -433.

[224] 耿曙，陈玮．政企关系、双向寻租与中国的外资奇迹 [J]. 社会学研究，2015 (5): 141 -163.

[225] 韩超．新能源产业发展态势、政府扶持逻辑与政策调整方向——基于国际比较的视角 [J]. 国际贸易，2013 (9): 29 -35.

[226] 韩超，孙晓琳，肖兴志．产业政策实施下的补贴与投资行为：不同类型政策是否存在影响差异？[J]. 经济科学，2016 (4): 30 -42.

[227] 黄冬娅．企业家如何影响地方政策过程——基于国家中心的案

例分析和类型建构 [J]. 社会学研究, 2013 (5): 172 - 196.

[228] 金太军, 袁建军. 政府与企业的交换模式及其演变规律——观察腐败深层机制的微观视角 [J]. 中国社会科学, 2011 (1): 102 - 118.

[229] 黎文靖, 程敏英, 黄琼宇. 地方政府竞争、企业上市方式与政企间利益输送——来自中国家族企业上市公司的经验证据 [J]. 财经研究, 2012 (9): 27 - 36.

[230] 李胜会, 刘金英. 中国战略性新兴产业政策分析与绩效评价——"非政策失败理论"及实证研究 [J]. 宏观经济研究, 2015 (10): 3 - 13.

[231] 李四海, 陆琪睿, 宋献中. 亏损企业慷慨捐赠的背后 [J]. 中国工业经济, 2012 (8): 148 - 160.

[232] 李郇, 洪国志, 黄亮雄. 中国土地财政增长之谜——分税制改革、土地财政增长的策略性 [J]. 经济学 (季刊), 2013 (4): 1141 - 1160.

[233] 陆国庆, 王舟, 张春宇. 中国战略性新兴产业政府创新补贴的绩效研究 [J]. 经济研究, 2014 (7): 44 - 55.

[234] 钱先航, 曹廷求, 李维安. 晋升压力、官员任期与城市商业银行的贷款行为 [J]. 经济研究, 2011 (12): 72 - 85.

[235] 万华林, 陈信元. 治理环境、企业寻租与交易成本——基于中国上市公司非生产性支出的经验证据 [J]. 经济学 (季刊), 2010, 9 (1): 553 - 570.

[236] 王海, 许冠南. 政策协同、官员更替与企业创新——来自战略性新兴产业政策文本的经验证据 [J]. 财经问题研究, 2017 (1): 33 - 40.

[237] 王孝松, 李坤望, 谢申祥. 贸易政策是如何制定的: 包含政治捐资、竞选支持与权力委派的内生保护模型 [J]. 世界经济, 2011 (10): 107 - 126.

[238] 肖兴志，王伊攀．战略性新兴产业政府补贴是否用在了“刀刃”上？——基于254家上市公司的数据 [J]．经济管理，2014 (4)：19-31.

[239] 肖兴志，王伊攀．政府补贴与企业社会资本投资决策——来自战略性新兴产业的经验证据 [J]．中国工业经济，2014 (9)：148-160.

[240] 徐业坤，李维安．政绩推动、政治关联与民营企业投资扩张 [J]．经济理论与经济管理，2016 (5)：5-22.

[241] 于津平，吴小康．战略性新兴产业发展中的区域竞争与地方政府补贴 [J]．经济理论与经济管理，2016 (3)：101-112.

[242] 余东华，吕逸楠．政府不当干预与战略性新兴产业产能过剩——以中国光伏产业为例 [J]．中国工业经济，2015 (10)：53-68.

后 记

博士毕业三年多了，论文终于出版了，看看当年的后记，想想一路走来的点点滴滴，觉得这篇后记依然是我想说的话，稍做改动，献给大家。

写到这里，终于到了写后记的时刻。之前喜欢看毕业论文的后记，因为这是学习与写作中最为真诚的感悟，希望能给跋涉中的自己带来希望。曾经专门翻阅师兄、师姐们的后记，也曾经在知乎上品读各式后记，也想过我到时会怎样写。可真轮到自己写时，心中却是感受到一份沉重，没有想象中在艰苦跋涉、犹豫彷徨结束时的那种狂喜。这份沉重源自对自己论文中探讨问题的纠结，以及未达到心中理想状态的遗憾。尽管如此，论文耗费三年多精力终于完成，敝帚自珍，也算是对自己及老师亲朋的一个交代，因为这其中凝聚了太多的希冀与期许。

战略性新兴产业承载着增强国家创新能力的重任，不论名称是否变化，其始终是技术创新的主要产出者；政府补贴是政府促进产业发展的最主要举措之一。这背后的核心问题是政府与企业的互动关系。如何正确理解、理顺两者的关系是我今后重点关注的问题。在写作的过程中，发现自己喜欢为一些现实问题找答案的过程，在检验自己的猜测是否与更多事实相符合时的期待、想通问题解决方案时的喜悦深深吸引了我。这也是我最大的收获。

20 年的求学生涯，今朝即将画上句号，一路坎坷一路行。回顾自己 20 年的求学生涯，有太多需要感谢的人。

首先，感谢我的导师肖兴志教授。从2010年硕士入学到如今，五年时间里，肖老师的谆谆教导，让我不论在治学研究还是为人处事上都受益匪浅。依然记得2011年忐忑地将第一篇文章交给老师时他给予我的鼓励；依然记得老师指导我将一篇文章的摘要修改七遍时的耐心；依然记得老师周六早上手把手地教我如何提炼观点、如何有逻辑地衔接段落；依然记得老师夜里十一点多帮助我逐字逐句修改论文，早上七点打电话来说有个地方替换了一个用词……耳濡目染，润物无声。甚至和师姐讨论论文时还提到肖老师说过应该怎样做，原来肖老师教给我的知识与其严谨治学的精神已经深入到我的内心，并将指引我继续前行。

在东北财经大学五年的求学中，产组中心于左老师、吴绪亮老师、郭晓丹老师、姜春海老师、钱勇老师、彭宜钟老师、付红艳老师、李宏舟老师、窦一杰老师、王健林老师的帮助和教诲，让我受益终身。经济学院刘凤芹老师、杜两省老师、段鹏飞老师、王维国老师及社会发展研究院齐鹰飞老师在课堂内外的谆谆教诲和指导，让我开阔了视野，增长了知识。中心李寒窗老师、张璐老师、郭峰老师给予我各种所需的帮助，让我省去了不少麻烦。在论文预答辩期间刘凤芹老师、王志强老师、张抗私老师、于左老师、彭宜钟老师以及在答辩会上吕政老师、王俊豪老师、曹建海老师、齐鹰飞老师、王维国老师都给予我很多有价值的指导建议。谨在此表达对他们的衷心感谢。

感谢一路上走来，陪我度过这段时间的师门同窗。感谢师兄陈长石、韩超、李少林，师姐姜晓婧、邓菁，同窗何文韬、于娜、付金存、刘丰波及师弟师妹。他们思维活跃、学习勤奋，有很多值得我学习的地方，也给予我很多帮助。读博期间有幸结识了师兄周彬、闫思、张为杰以及刘发跃、孟望生、董加加、魏平、边志强、杨晓、纪超、周祥军等众多兄弟姐妹，非常怀念大家坐在一起指点江山、吐槽学术、畅想未来的日子，这是读博期间的一大乐趣。祝福大家都能实现当初对自己的承诺！未来的日子一起加油！感谢室友任忠富、王金丰、张强、万品良的陪伴和生活上的照顾！

感谢爸爸、妈妈对我深沉无私的爱。妈妈在生病最后的日子里，为了不给家里添加负担，拒绝接受治疗；怕耽误我学习不让我回家，最后一面都没能见上；最后一次对我说的话是好好学习，能读下去就一直读。树欲静而风不止，子欲养而亲不待。我再没有机会报答她了，唯有做到对她的承诺，用不断的努力来告慰她。每年上坟的时候跟她说的最多的就是“妈，我没有放弃”，妈妈坚韧乐观的精神在我心中永存。感谢哥哥、嫂子、姐姐、姐夫一直以来对我生活上的照顾和经济上的支持，作为家中老小得到了他们太多的关爱，为我承担了太多的家庭责任，让我没有后顾之忧。感谢侄子、外甥女带给我的欢乐。感谢大爷一直以来对我的疼爱和支持，让年近而立的我仍享有每年千元压岁钱的待遇！谢谢你们，你们为我的付出，我将用余生来报答。

感谢已是我妻子的何圆。一路走来，感谢她对我的鼓励和支持，感谢她愿意听我炫耀和抱怨，感谢她同我分享和分担生活带给我的苦乐。感谢岳父岳母对我生活上的照顾和理解。感谢我的女儿王佳禾，她的到来带给我无尽的喜悦，赋予我更多披荆斩棘的勇气！

感谢山东工商学院对我工作的支持！感谢许多朋友和同事的关心和帮助！

感谢国家社会科学基金项目“区域政策协同效应影响企业转型升级机制创新研究”（批准号 17CJY 027）；山东工商学院博士科研启动基金项目“新常态下新兴产业政策实施空间界定、推进效果评估与功能转型优化研究”（批准号 BS201622）的支持！

王伊攀

2018 年 12 月于山东工商学院